川上徹也
Tetsuya Kawakami

「運のいい人」は神社で何をしているのか

ポプラ新書
268

はじめに

あなたは神社に年間どれくらい参拝しますか？
神社に参拝したことで何かいいことが起こりましたか？

この本は、神社に参拝する時間をこよなく愛する私が、どのように楽しむと「運のいい人になれるか」について詳しく書いた一冊です。
初詣にしか神社に行かないあなたにも、時々は参拝するあなたにも、神社好きで頻繁に参拝しているけれどもご利益《りやく》があまり感じられないというあなたにも、役立つ本を目指しました。

かくいう私は、もともと神社に興味があったわけではなく、初詣以外で訪れることはまずありませんでした。

2007年、ある舞台脚本を書く取材のために、伊勢の斎宮《さいくう》跡に続いて奈良の二上山《にじょうさん》を訪れた時のことです。

たまたま会うことになった知人に、日本最古の神社といわれる大神《おおみわ》神社（奈良）に連れていってもらいました。それは素晴らしい体験でした。そこから神社参拝にはまり、その後、習慣化するようになったのです。

その翌年、私は作家としてデビューしました。それ以降、毎年3～5冊をコンスタントに出版し続け、本書で54冊目の本になります。海外6カ国でのべ20冊以上が翻訳され、中国や台湾では日本以上にベストセラーになっている本もあります。

現実的に考えれば、著書を出せるようになったのは自分が努力して出版社に働きかけたからです。神社参拝の習慣ができた時に重なったのはたまたまそのようなタイミングだったということでしょう。しかし一方で私は、神社への参拝が習慣化するようになり「運のいい人」になったから、継続的に本が出せるようになったとも考えています。

いきなり非現実的なことを書きましたが、本書は、いわゆるスピリチュアル本ではありません。また神社の歴史や細かな作法を説いた本でもありません。この神社には龍がいるとか波動がすごいとか、このパワースポットに行けばどんな願いも聞き入れてくれる、といったことは書かれていません。むしろ神社やパワースポットに依存しすぎると、「運のいい人」にはなりにくいと考えています。私も神社やパワースポットに即効性のあるご利益を期待して訪れているわけではありません。

私は神社を訪れる時間が大好きで、ご祈祷もよく受け、いくつかの神社では年間の賛助会員になっています。しかし神道《しんとう》という宗教を信仰している自覚はありません。教義がないなど、宗教らしくない部分に惹《ひ》かれています。

神社に神様が本当にいるかどうかわからないし証明はできないけど、少なくとも自分の脳内に神様はいるという考えです。

神社は大好きだけど「神社に神様が本当にいるかどうかわからない」という多くの人から不思議がられます。

自分の中には何の矛盾もありません。

神様がいてもいなくても私は「神社という空間」が大好きなのです。

気持ちいい神社の空間に身をおくと、自分自身、とても気持ちよくなります。

この「気持ちいい」という感覚が極めて重要だと考えているのです。

気持ちいいと感じる時、人は「幸せホルモン」と呼ばれる神経伝達物質（セロトニン・ドーパミン・オキシトシンなど）が分泌されます。心身がリラックスし、安心感や幸福感が生まれてきます。

詳しくは第1章で述べますが、神社にはセロトニンをはじめ、心身にいい影響を与えるさまざまな神経伝達物質を分泌させる仕組みが整っています。そこに神様がいてもいなくても、神社参拝を習慣にすることで「気持ちよく過ごす時間」が増えます。

別の言葉に言い換えれば、気持ちいい神社に参拝すると「気分がアガる」のです。その結果、「運のいい人になる確率も上がる」と考えています。すると自分の考え方が変わり、行動も変わります。これこそが、神社での一番の「ご利益」と考えることもできます。

ご祈祷というセレモニー、お守り・おみくじなどのグッズなどにもエンタメ要素があるのも神社の特徴です。

私はここ15年、毎年、伊勢神宮内宮《ないくう》で御神楽《おかぐら》を奉納させていただいていますが、体験するたびに「神宮の御神楽は日本最強のエンターテインメントだ」とつくづく感じます。また来年も御神楽を体験できるように1年頑張って仕事しようと思わせてくれるのです。

さらに絶景・グルメ・温泉などといった付随する要素も、神社参拝のお楽しみのひとつです。あの絶景を体験したいから、あの名物を食べたいから、いい温泉に入りたいからといった動機で神社を参拝するのもオススメです。

たとえば、岩木山神社（青森）、彌彦《やひこ》神社（新潟）、霧島神宮（鹿児島）などには近くにとてもいい温泉があります。神社自体も素晴らしく、大好きなのですが、私はこれらの神社に行く時は温泉をセットにしないことは考えられません。近くに出張があって、ついでに行けると考えた時から気分がアガります。

この「ついで」という感覚も大事にしていて、年に一度の伊勢神宮参拝や日帰りで行ける関東圏の神社を除き、できるだけ講演・セミナー・研修・コンサルティングなど仕事で呼んでいただいた時に「ついで」に参拝するように心がけています。

本来、義務や仕事ではないはずの神社参拝に依存しすぎるのを避けるためでもあり、その神社に「呼ばれている時に行く」という感覚を大事にしたいからでもあります。

たとえば金華山黄金山《こがねやま》神社（宮城）、白山比咩《しらやまひめ》神社（石川）、美保神社（島根）、大山祇《おおやまづみ》神社（愛媛）、鵜戸《うど》神宮（宮崎）などは行くのにやや不便な場所にあります。それぞれ、仙台、金沢、松江、松山、宮崎などで講演のオファーがあった時、何とか足を延ばせないかと画策します。スケジュールの都合がつき、参拝できるとわかった時は、そのプロセスだけですでに気分がアガっていて、講演にも張りが出ます。まさに好循環です。

ただし仕事で余裕がない時や天候不良、酷暑の時期は無理をしません。神社に行くことが重要ではなく、神社を楽しむことが重要だと考えているので、無理して参拝するのは本末転倒だからです。

仕事で初めての土地に呼んでもらうことがあります。そんな時はまず地元の神社に参拝してお礼をいいます。するとまた続けてその土地に呼んでもらえることがよくあります。合理的に考えると単なる偶然ですが、その神社や神様にまた呼んでもらったと考える方が「気分がアガる」ので、そう考えるようにしています。

仕事で全国に行けるような人は少ないかもしれません。そんな時は旅行のついでに神社を参拝するのもいいですね。

またなにも全国の有名神社をまわらなくても、自分の家や職場の近くにある小さな神社を参拝するだけでも運はよくなります。何度も来ている場所のはずなのに、今まで気づかなかった神社もきっとあるはず。気のいい神社だったら頻繁に参拝して友だちのような存在になりましょう。

神社のご祭神については、特別推している神様以外は意識しないことが多いです。たとえば大好きな神社である箱根神社のご祭神は、「瓊瓊杵尊《ににぎのみこと》」「木花咲《このはなさく》耶姫命《やひめのみこと》」「彦火火出見尊《ひこほほでみのみこと》」とされていますが、私は今まで意識したことはありませんし、箱根神社にそれぞれの神々がいらっしゃるかどうかもよくわかりません。

もちろん「神社にはご祭神とされる神様がいらっしゃる」と信じて参拝しても何ら問題ありません。むしろ信じた方が「運のいい人」になれる確率は高いかもしれません。私は「科学的に証明できないことを無条件に存在する」と言い切ることに抵抗があるだけです。

そう言いつつ、日本の神様たちのキャラクターは大好きです。古事記を読むと神様はみんな欠点だらけ。神様に人格を求めるべきではないでしょうけど、みんな好き放題やっていて、人格者がいない。「人は長所で尊敬され、短所で愛される」という言葉がありますが、神様だから偉大なはずなのに欠点だらけなことがいとおしく感じて大好きなのです（いつか古事記の神様についての本も書きたい）。

神社にはご祭神とされる神様が本当にいらっしゃるかはわからないけど、少なくとも神様的な何かは存在するかもしれないとは感じています。たとえば、まだ日が明けきらない真っ暗な早朝に伊勢神宮を歩いていると、霊感などはまったくない私でも何かしら神聖で圧倒的な力の存在を感じます。

何事のおわしますかは知らねども、かたじけなさに涙こぼるる

これは平安時代末期に、西行法師が伊勢神宮で詠《よ》んだとされる和歌ですが、まさにこの感覚。神様かどうかはわからないけど、「サムシング・グレート※」とでもいうべき人智を超える神様的存在は感じるのです。そのような理由から参拝する時は、深々と頭を下げ、その神様的存在に敬意を表現し、最大限の感謝を唱えます。本書でも時折スピリチュアル的な記述があるのはそのためです。後述しますが、この「感謝」という行為も、あなたを「運のいい人」にする大きな要因になります。

神社はビジネスモデル的にも参考になることが多いです。熱心な信者からは多額の寄進がある一方、お賽銭、おみくじ、お守り、御神札《おふだ》、ご祈祷などさまざまなレベルのお金を集めるからです。いずれも原価が安いのにもかかわらず、満足度は高く、みんな自分から進んでやってきてお金を払います。

個人で仕事をする人は、神社のようなビジネスモデルを築けたら商売繁盛間違いなしです。詳しくは第3章でお伝えします。

こんな風に、他の神社本とは一線を画する内容ですが、もしよろしければ最後まで付き合っていただければ嬉しいです。

本書を参考にしながら、自分なりのスタイルで神社を楽しみ、あなたが「運のいい人」になってくれたら、これ以上の喜びはありません。

川上徹也

※サムシング・グレート＝「偉大なる何者か」 生命科学研究者の故・村上和雄（筑波大学名誉教授）が名付けた概念。生命を研究すればするほど不思議なことばかりで、これだけ精巧な生命の設計図が偶然にできることはありえない。では人間わざをはるかに超える設計図を創ったのは何者なのか？ と考えた時、人智を超えた設計者のことをそう呼んだ。宗教的には「神」「仏」などと言うこともできる。

「運のいい人」は神社で何をしているのか／目次

第3章　「運のいい人」は、仕事に神社のモデルを取り入れる　95

第1章

「運のいい人」はなぜ神社に行くのか

神社ブームのキーワードは「不安」と「癒し」

ここ10年以上、神社ブームが続いています。

私が神社にはまった2000年代後半に比べて、体感的に参拝する人が増えている印象です。パワースポットとしての神社巡りや御朱印集めなどのブームも続いています。なぜなのでしょう？

私は「不安」と「癒し」がキーワードではないかと考えます。

いつの時代も何らかの「不安」はつきものですが、多くの社会問題を抱え明るい未来を感じられない現代日本においては、多くの人が将来に対しての漠然とした不安を抱えています。また今の人生に閉塞感を覚えている人も多く、一発逆転を狙って何かにすがりたいと思っています。「苦しい時の神頼み」といいますが、そんな時、人は何か超自然的なものに頼りたくなります。そんな中でも、パワースポットとしての神社参拝は、一番お気軽に実行できる方法です。

有名人やスピリチュアル系のインフルエンサーが「ここがパワースポットだ」などと発言すると多くの人が押し寄せるのは、その一例でしょう。

秩父の山奥に鎮座する三峯神社《みつみね》（埼玉）は、休日には駐車場が満車になり、渋滞になることも珍しくありません。以前は知る人ぞ知る神社でしたが、関東屈指のパワースポットと紹介されることが多く、全国から参拝者が訪れるようになりました。特に2013年7月から毎月1日にのみ頒布していた「白い氣《き》守《まもり》」は人気があり、当時は1日に土日が重なると大渋滞が起こるなど、社会問題になりました。結局、「白い氣守」の頒布は2018年6月から休止しています。

常識的に考えて、特別なお守りを持ったからといって、急に運がよくなるなどということはありません（後述するプラシーボ効果はあるかもですが）。それでも手に入れたいというのは、何かにすがりたいという「不安」のあらわれなのではないでしょうか？

もうひとつのキーワードは「癒し」です。「自分へのねぎらい」と言い換えてもいいかもしれません。

ストレスフルな毎日で、誰もが何かしら疲れています。そんな日常を送っている人たちにとって、神社参拝は格好の癒しの場です。非日常空間で自分を見つめ直す場所として、神社が機能しているように感じます。

熱海にある來宮《きのみや》神社（静岡）は、和銅3年（710）創建と伝わる古社で、地元では以前から有名な神社でした。2010年代の前半、ご神木で樹齢2100年超、まわりが23・9メートルもある巨大な大楠が「幹を一周すると寿命が一年伸びる」、「心に願いを秘めながら一周すると願いが叶う」といわれるパワースポットとして、注目を集めました。

しかし経営はかなり苦しかったといいます。調べてみると、参拝客の神社での滞在時間が、とても短いことがわかりました。多くの人は大楠を一周するだけで帰っていたのです。そこで、仕事や家事などで疲れている人たちに、ゆっくり時を感じてもらえるような空間を目指して境内のリニューアルに着手しました。境内に「茶寮」「カフェ」「物販」などの店をつくり、夜間に参拝する人にとっても寛《くつろ》げる空間であるようにと、日没～23時にはライトアップするようにしました。

現在の來宮神社は大勢の人が訪れる観光名所になっていて、活気があり、いつ行っても賑わっています。普段、あまり神社を訪れないような若いカップルや家族連れなどが多いのも特徴です。ゆったり神社という空間を楽しみたいということに、大きな需要があることのあらわれではないでしょうか？

このような「神社ブーム」もあって、数多くの「神社本」が出版されています。そのほとんどは「神社にいる神様がどんなご利益を与えてくれるか」について書かれた本です。本書はそれらの本とはまったく違う視点から、「運のいい人」になれる神社参拝法を紹介していきます。

神社に参拝すると運がよくなる8つの理由

神社参拝を楽しむようになると、なぜ「運のいい人」になれるのか？

本章では以下の8つの効果から説明します。

①マインドフルネス効果
②森林浴効果
③感謝効果
④アファメーション効果
⑤アイデア発見効果
⑥Awe（オウ）体験効果
⑦プラシーボ効果
⑧神様（サムシング・グレート）効果

順番に解説していきましょう。

①マインドフルネス効果
神社に参拝するとマインドフルネス効果を得ることが期待できます。

マインドフルネスとは、仏教における瞑想から宗教的な要素を取り除き、西洋科学と統合した概念です。１９７０年代にジョン・カバット・ジンがマサチューセッツ大学医学部で医療行為として取り入れ、マインドフルネスセンターを創設したことから始まりました。

具体的には、過去未来の雑念にとらわれず、「今ここで起こっていること」を体験し、「今この瞬間」に集中する状態のことをいいます。

近年、心身のケアに効果があるということからビジネスシーンでも注目され、有名なグローバル企業が研修に採用しています。

神社に参拝する時に実行されるルーティーンは、「今この瞬間」だけに集中できるので、瞑想におけるマインドフルネスと同様に以下の効果が期待できると考えます。

（１）精神的効果

マインドフルネスの状態でいると、穏やかな気持ちでリラックスできます。海馬や扁桃体といった不安感に関与する脳の器官にプラスの効果が見られストレスが軽減するという研究もあります。

（2）身体的効果

マインドフルネスが直接、病気を治すわけではありませんが、疾患に対する不安や恐怖などを落ち着かせることで、身体にも好影響が出ると考えられます。

（3）人間関係

マインドフルネスの状態でいると、自分の気持ちをコントロールできるようになり、まわりの状況を考える余裕が生まれます。その結果、相手のことを考える余裕が生まれ人間関係も良好になる可能性があります。

マインドフルネス効果を実感できる人は、当然ながら「運のいい人」になれるのではないでしょうか？

②森林浴効果

多くの神社には「森」があります。

いわゆる「鎮守の森」と呼ばれているものです。

昔の人は、神様は高い山の深い森の中にいて、時々、人が住む里へ降りてきてくれると考えていました。山から里に降りてくる神様を迎える場所として、小高い場所に木を植えて育て「鎮守の森」にしたといいます。

東海道新幹線に乗って車窓から景色を眺めていると、田畑の中にこんもりとした森が時々見えます。降りて確かめたわけではありませんが（いつか確かめたい）、おそらくは神社と鎮守の森でしょう。

森の中を散歩すると、フィトンチッドと呼ばれる木から発散される揮発系物質を浴びる「森林浴」ができます。森林総合研究所と千葉大学が全国63カ所で行ってきた調査実験により、医学的にも森林浴の効果は大きいことが実証されました。「森林浴」により脳活動がリラックスし、ストレスホルモンであるコルチゾール濃度やアドレナリン濃度を低下させる効果があります。ナチュラルキラー細胞の活性を高め免疫力も上がるとのことです。森林浴効果を高めるには、目で緑を見て、耳で自然の音を聞き、鼻で森の匂いを嗅ぐことが重要だといいます。

そんな風に、嬉しいことだらけの森林浴ですが、街中に住んでいると森の中を歩くという機会はまずありません。

そこで神社の登場です。

山間部にある神社はもちろんですが、都心にあっても大きな神社は、森の中にあることが多いです。お手軽に、しかし本格的な森林浴ができます。

下鴨神社（京都）には「糺《ただす》の森」と呼ばれるエリアがあります。京阪電鉄出町柳駅から賀茂川と高野川との合流地点（鴨川デルタ）を通過して、本殿に向かう参道沿いにある広大な原生林で、樹々をめでながらゆっくりと森林浴を楽しむのに絶好のスポットです。

明治神宮（東京）も広大な森の中にあります。こちらは大正時代に作られた人工の森です。もともとは畑がほとんどで、荒れ地のような景観が続いていたといいます。明治神宮を建設するにあたり、永続する自然の森を目指して林学博士の本多静六が中心となって計画し、全国から10万本もの樹木の寄付が集まり多くのボランティアにより植樹されました。100年以上たった今、これが人工林だとは思えないほど鬱蒼とした自然を感じる森になっています。同エリアにある庭園・明治神宮御苑や代々木公園なども含め森林浴にはぴったりの場所です。渋谷や原宿の喧騒からすぐ近くの都心にもかかわらず、こんなにも広大な森があることに東京という街の奥深さを感じます。

明治神宮から電車で1駅の場所にある代々木八幡宮（東京）の森もオススメです。山手通り沿いにある小高い丘の上にあり、都内では貴重な自然林がそのまま残されています。暑い季節でも、背の高い樹々に囲まれた境内に入ると、体感気温が数度低くなるのを感じるくらいです。境内では縄文遺跡も発掘されており、当時から人が住んでいた場所だったことが窺えます。当時まわりは海で代々木八幡宮のある場所は海につきでた半島でした。

赤坂氷川神社（東京）は、赤坂と六本木の間という超都心にもかかわらず鬱蒼とした森が残されている穴場スポットです。樹齢約400年の大イチョウは、昭和20年の東京大空襲で幹の大部分が焼失したにもかかわらず（今でも裏にまわれば損傷の大きさがわかります）、毎年11月になると葉っぱが色鮮やかな黄色に変わり、生命力の強さを実感できます。

名古屋にある熱田神宮（愛知）も、都心にかかわらず広大な森の中に鎮座します。正門から入ると、拝殿まで一直線の参道が伸びていて、その両脇に昔から残る照葉樹林が広がっています。さらにオススメは本殿の裏側を回る「こころの小径」というエリアです。かつて一般参拝客は立ち入ることはできませんでしたが、2012年から開放されています。穏やかでありながら引き締まった空気感が漂う森で、途中、美肌効果や目が良くなるという「清水社」や、天照大神の荒魂を祀る「一之御前《いちのみさき》神社」というパワースポットもあります。

神戸の生田神社（兵庫）は三宮の繁華街に隣接していながら「生田の森」と呼ばれるエリアがあります。枕草子にも記述されている森で、源平合戦でも重要な場所になりました。もちろん当時に比べると残っている森はごく一部ですが、第二次世界大戦の空襲で焼失したにもかかわらず自生して再び森になっています。以前は立ち入り禁止でしたが、２００１年に整備され一般参拝客も入れるようになりました。繁華街に隣接した森は貴重です。

宮崎神宮（宮崎）の森もオススメです。宮崎市の中心からも近いエリアですが、鬱蒼とした森に囲まれています。こちらも明治時代に拡張された時に植樹された人工林とのことですが、それを感じさせません。心地いい森林浴を楽しめる場所です。余談ですが、宮崎神宮のすぐ近くにある宮崎県総合博物館はユニークな展示が多く超オススメです。

都心を離れるとオススメの森は全国いたるところの神社にあります。すぐに思いつくだけでも、岩木山神社（青森）、鹽竈《しおがま》神社（宮城）、鹿島神宮（茨城）、九頭龍《くずりゅう》神社（神奈川）、彌彦神社（新潟）、諏訪大社（長野）、白山比咩神社（石川）、足羽《あすわ》神社（福井）、椿大神社《つばきおおかみやしろ》（三重）、瀧原宮《たきはらのみや》（三重）、熊野本宮大社（和歌山）、八重垣神社（島根）、大山祇神社（愛媛）、土佐神社（高知）、宗像大社（福岡）などは、歩いているだけで癒される森があります。

最近、心動かされたのは橿原《かしはら》神宮（奈良）の末社・長山稲荷社の森です。同じ沿線で仕事があったので、久しく行けていなかった橿原神宮に参拝しました。参拝が終わり歩いていると深田池近くの西参道沿いにこれまでは気づかなかった朱の鳥居が見えました。ちょうど急に豪雨になってきたので、寄るかどうか迷ったのですが、寄って大正解でした。参道からお社に着くまで、苔がむす森の中にいくつもの朱の鳥居が連なっています。進んでいくと、わずかな距離にもかかわらず、深い森に迷い込んだような場所にお社がありました。豪雨も手伝ってかとても幻想的な光景を味わうことができたのです。

森というほどでなくても多くの神社には木が植えられています。たとえ街中にある小さな神社であっても、樹齢数百年の巨木がご神木として保存されているところが多く、近づくと森林浴効果が期待できそうです。

大阪市天王寺区の堀越神社には、数度にわたる落雷と二度の大火災にも耐えた、樹齢５５０年と伝わる大阪府指定保存樹の巨大なクスノキのご神木があります。神霊の宿る木・降りる木として知られていて、「『気力が落ちた』『疲れた』と感じた時、ご神木の持つ力をいただいてください」と看板に書かれているので直接触れることができます。

大阪市阿倍野区の阿倍王子神社にも、大阪府指定保存樹のクスノキの御神木が４本あります。こちらも樹齢５００年程度と推定される巨木で、それぞれ「茂杜能木霊神《もりのこだまのかみ》」、「汰紀能木霊神《たきのこだまのかみ》」、「多摩能木霊神《たまのこだまのかみ》」、「波多能木霊神《はたのこだまのかみ》」という名札がつけられています。それぞれの木を見上げて味わうだけでも何か感じるものがあります。

どちらの神社も私の実家から徒歩10分程度の場所にあるので、帰省した時にはよく立ち寄ります。ぜひ、あなたも家や職場の近くでお気に入りの森林浴スポットを探してみてください。

森林浴効果を実感できる人は、当然ながら「運のいい人」になれるのではないでしょうか?

③感謝効果

私は拝殿で参拝する時、二拝二拍手し自分の名前を名乗ったあと、まず以下のような感謝の言葉から始めるのを習慣にしています。

「今日は参拝させていただき本当にありがとうございます。お陰様で元気に暮らさせていただいています。こうやってご縁をいただきこの場に来ることができ本当にありがたく感謝させていただいています」

素晴らしい神社に出会えたことで自然と口に出てくるのが習慣化したものですが、のちに書籍や論文などを読み、実はこの「感謝をすること」に「運のいい人」になるための秘訣があったことを知りました。

感謝すると心身ともに好影響を与えることが、カリフォルニア大学リバーサイド校のアルメンタ博士らの研究で明らかになっているのです。

特に「何かをやってもらったことに対する感謝（Doing の感謝）」よりも、「相手の存在や自分の今の状態に対しての普遍的な感謝（Being の感謝）」の方が圧倒的に効果は高いことがわかっています。

「Doing の感謝」は何か自分にとっていいことがないと感謝できないのでエゴが出やすい。それに比べて「Being の感謝」は相手の存在自体や今の自分の状態に対する感謝なので、利害関係なしに脳を常に感謝モードにすることができるからです。

つまり神社で私が実行していた感謝の言葉は、結果的に一番理にかなっている挨拶だったのです。

具体的には、感謝することでセロトニン、オキシトシン、ドーパミン、エンドルフィンなど心身に好影響を与える神経伝達物質の分泌が盛んになります。

以下にごく簡単にそれぞれの特徴を記載します。

・セロトニン　精神を安定させる作用（幸せホルモン）
・オキシトシン　信頼感によるストレス軽減作用（愛情ホルモン）
・ドーパミン　やる気を引き起こす作用（報酬系快楽物質）
・エンドルフィン　高揚、鎮痛、抗ストレス作用（脳内麻薬）

その結果、精神的な部分だけでなく、身体の炎症が抑えられ免疫力が高まるという作用があることも報告されています。

もちろん感謝するのは神社でなくても、両親、家族、パートナー、上司、同僚、友人などでも一向にかまいません。しかし現実問題として、これらの人間に対して深々と頭を下げて感謝の言葉を伝える機会は、気恥ずかしさもありあまりないでしょう。

それが神社であれば堂々と「Being の感謝」ができます。

相手は「神社」でも「神様」でも「サムシング・グレート」でもかまいません。

感謝効果を実感できる人は、当然ながら「運のいい人」になれるのではないでしょうか?

④アファメーション効果

拝殿で参拝する時、私は「○○を叶えてください」というような神頼み的なお願いはしません。

どのようにしているかというと、たとえば、以下のような感じです。

「○○を目指して努力しますのでご加護をお願いします」

「○○のお役に立てるよう頑張りますので見守っていただければ」お願いするというより、誓いを立てて宣言するという感じです。

これは心理学でいうところの「アファメーション効果」が期待できます。

アファメーションとは「達成したい目標や願望をポジティブ表現で宣言すること」をいいます。そうすることで、その目標や望みがかないやすくなるというのです。

「自己成就的予言」とも呼ばれる理論で、社会学者であるロバート・K・マートンが提唱しました。


そもそも具体的に「○○を叶えてください」という風にお願いすると、あの神社は「お願いを叶えてくれた」「叶えてくれなかった」という、他力本願の考え方になってしまいます。しかも「○○を叶えること」が長い人生で見た時には必ずしもいいことであるかはわかりません。

たとえば、私が「今度出版される神社の本をミリオンセラーにしてください」とお願いしたとします。たとえばそのお願いが、その神社のご利益で叶ったと仮定しましょう。しかしそれが長期的に見ると必ずしもいいことかどうかはわかりません。そのせいで対人関係など大きなトラブルに巻き込まれるかもしれないし、もう本を書こうという意欲もなくなってしまうかもしれません。それらは、私にとって金銭や名声以上に大きな損失です。

そういう意味でも、いい方向に見守っていただくくらいがちょうどいいのではないでしょうか？

こちらももともと効果を狙ってのことではなく、「神頼みってなんかかっこ悪いな」という思いから宣言することにしていただけですが、結果としては「運のいい人」になれそうです。

⑤アイデア発見効果

私は、仕事をしていて考えが行き詰まると、近くの神社までウォーキングをかねて参拝することがよくあります。その間に頭が整理され、ブレイクスルーするアイデアが浮かぶことも珍しくありません。心理学実験においても、クリエイティビティ（創造性）の発揮には、空間や環境からの刺激が大きく関わることが証明されています。

現在の家に引っ越す前は、早朝ウォーキングもかねてよく江の島にある江島神社（神奈川）に参拝していました。江島神社は辺津宮《へつみや》、中津宮、奥津宮の3社で構成され、辺津宮には田寸津比賣命《たぎつひめのみこと》、中津宮には市寸島比賣命《いちきしまひめのみこと》、奥津宮には多紀理比賣命《たぎりひめのみこと》という宗像三女神《むなかたさんじょじん》が祀られています（一番好きな神様たちです）。それぞれ島の各所に点在していて、その間に飲食店、土産物屋、展望スポットなどもあり、島全体が神社と観光地で融合されている、全国的に見ても稀有《けう》な場所です。

当時の家から江ノ島弁天橋の入口まで徒歩約15分。そこから橋を渡って青銅製の鳥居をくぐり、飲食店やお土産物屋が並ぶ仲見世通りを進んでいくと朱色の鳥居が見えてきます。そこをくぐると神域に入り、その先の急勾配のきつい階段を上がると辺津宮です。さらに上がっていくと中津宮があり、その後、展望台のある山頂を経て、階段を下り上がりしてやっと奥津宮にたどり着きます。参拝しながら奥津宮まで行くと家から1時間近くかかります。

早朝だとお店はまだ空いていなくて、観光客はほとんどいず、すれ違うのはジョギングやウォーキングの人たち（こちらは結構います）や島内の住民だけです。昼間では見られないようなゴミの収集の様子なども見ることができます。海や空の様子は毎日違って一度として同じ光景になることはありません。もちろん、それぞれの神社ごとに見どころがあります。

このような刺激的な行程が脳に刺激を与えるのか、この江の島ウォーキングで思いついた仕事のアイデアは数多くありました。

ここまでの変化はなかったとしても、神社は人間の住む俗界とは異質な場所ですから、新たな刺激が生まれ新しいアイデアが生まれやすい環境です。

いいアイデアがどんどん生まれると、当然、「運のいい人」になれる確率は上がります。

⑥ Awe 体験効果

雄大な大自然などに触れた時、言葉にできない何かがこみ上げて心揺さぶられた経験はないでしょうか？　このような状態を Awe（オウ）体験と呼びます。Awe は「畏敬の念」という意味です。

近年、Awe 体験が脳を活性化させ潜在パワーを引き出すことが、脳科学の研究で明らかになってきています。

もともとは、宇宙飛行士の体験談が研究のスタートでした。宇宙から地球を眺めるという強烈な経験をすると、ほとんどの人間は自分が地球という星の一員であることを実感し、他人に対してやさしく謙虚になるといいます。

アリゾナ州立大学の社会心理学者ラニ・シオタ博士は、Awe を体験することは人間の神経系に特異な影響を与え、「健康」「ストレスの軽減」「人とのつながり」「頭の回転」「創造力」「寛容性」などに好影響があると主張しています。

神社参拝でも雄大で心洗われる風景に出くわすことはよくあります。

大神神社（奈良）には「大美和の杜展望台」と呼ばれる展望スポットがあります。東にはご神体である三輪山、西は大鳥居と大和盆地の大パノラマが広がっています。二上山や金剛葛城《こんごうかつらぎ》連山を背景に、畝傍山《うねびやま》・耳成山《みみなしやま》・天香具山《あまのかぐやま》の大和三山が望める絶景で、私が神社参拝にはまるきっかけになった場所です。

箱根神社奥宮（神奈川）は、駒ヶ岳の山頂にあり天空の社殿と呼ばれています。箱根園から駒ヶ岳ロープウェーに乗るのが一般的なルートです。ロープウェーの車窓からは天気がよければ大きく富士山が見えます。山頂からは眼下にカルデラ湖だとはっきりわかる芦ノ湖、東は小田原から遠く江の島まで相模湾が、南は伊豆半島がそれぞれ一望でき、何度見ても心動かされる光景です。

上高地にある穂高神社奥宮（長野）も神秘的な絶景が味わえるスポットです。上高地の中心である河童橋から徒歩で約1時間かかりますが、歩く価値は十二分にあります。神社の奥の神域に、一の池と二の池で構成される明神池があります。まわりの険峻な山々とは対照的に、古くは「鏡池」と称されていたとおり、澄み切った鏡のような水面に映る景色は観ているだけで心が研ぎ澄まされます。この池は、明神岳の伏流水や湧水によって形成されているため、極寒の冬でも凍らないそうです。

嚴島《いつくしま》神社（広島）がある世界遺産の宮島も、さまざまなAwe体験ができる場所です。船で宮島に向かうと、海上の大鳥居が徐々に近づいてきて、そのプロセスからしてすでに気分がアガります。船が宮島に着くと、鹿がお出迎えしてくれ、かわいいです。神社に向かう参道は商店街になっています。宮島発祥というもみじ饅頭のお店やおしゃれなカフェも数多くあり、歩くのが楽しい通りです。

嚴島神社は神社では珍しく拝観料がありますが、安すぎます。潮の満ち引きによって姿を変える大鳥居や回廊も、ここでしか味わえない素晴らしい光景です。余力があればご神体とされる弥山《みせん》に登るのがオススメです。途中までロープウェーが使えますが、そこからでも頂上までは山道をかなり歩きます。しかしそれに見合うさまざまな瀬戸内海の絶景に出会うことができるでしょう。

初代内閣総理大臣伊藤博文は宮島弥山をたびたび訪れました。弥山頂上からの眺めを「日本三景の一の真価は頂上の眺めにあり」と絶賛したとか。山頂近くには、嚴島神社の奥宮にあたる御山神社もあります。

宮地嶽《みやじだけ》神社（福岡）は、福岡市と北九州市のちょうど中間あたりに位置する福津市に鎮座する神社です。大きな神社でその絶景は地元では有名でしたが、全国的には知られていませんでした。それが嵐のメンバーが出演する航空会社のテレビCMをきっかけに、全国に知られるようになりました。「光の道」と呼ばれる「沈む夕日が境内石段から海まで一直線に伸びる参道を照らす光景」

です。この光の道は毎年2月下旬と10月下旬の年2回だけしか見ることができず、その希少性もありその時期は大勢の人が押し掛けるようになりました。
私が初めて参拝したのはそのCMが流れるより前です。宗像大社を参拝して博多に電車で戻る途中に「宮地嶽神社」という看板を見て、一瞬「地獄」に見えそのインパクトある名前に思わず途中下車して参拝したのでした。「光の道」ぴったりの季節ではありませんでしたが、境内の石段から見下ろす海までまっすぐ伸びる参道の光景は素晴らしかったです。そこだけでなく、見どころはたくさんあります。本殿奥には厳かな森に包まれた「奥之宮八社」があり、一社ずつ参拝すると大願が叶うとされています。さらに宮地岳の山頂近くを通る全長約2・5キロの自然遊歩道などもあり、さまざまなAwe体験と森林浴が味わえるスポットです。

これらのスポットは地元でなければ日常的に何度も訪れることは難しいでしょう。シオタ博士によると、必ずしも雄大で心洗われるような絶景でなくても、日々の暮らしの中で体験する夕日、虹、星空、散歩、音楽、芸術などのささやかなAwe体験でも十分な効果があるといいます。そうだとすれば、神社参拝は、たとえ街中の小さな社だとしても、Awe体験効果を手軽に得ることができる行為だといえます。

Awe体験効果があれば、当然「運がよくなる」はずです。

⑦プラシーボ効果

有効成分が含まれていないはずの薬剤なのに、症状の改善や副作用の出現が見られることがあります。これをプラシーボ効果（プラセボ効果）といいます。実はなぜ体内でプラシーボ効果が起こるかは、科学的にはまだはっきりとわかっていません。

仮説として、たとえ有効成分が入っていなくても「これを飲めば効く」という暗示をかけられると、脳が騙されて報酬系のドーパミンが活性化することによって起こっていると考えられています。

神社のご利益（その他スピリチュアルに関することのほとんど）は、このプラシーボ効果の可能性が高いと考えられます。そういう意味では、神様の存在やご利益を素直に信じて参拝した方がいいかもしれません。

たとえば「太宰府天満宮を始め全国各地にある天満宮の主祭神は菅原道真だ。確かに彼は学問ができて優秀で、そのお陰で右大臣にまで昇進した。しかし藤原氏により太宰府に左遷され失意のうちに死をむかえる。天満宮はそもそも菅原道真の怨霊を鎮めるために神様に祭り上げて建設された神社だ。そんな境遇の神様が他人（参拝者）の試験合格や学問成就を支援してくれるだろうか？」などと冷静に考えては、得られるご利益も得られないでしょう。ちなみにこれは、神社にまったく興味がなかった（むしろ嫌っていた）高校生時代の私が考えていたことです。

「ご利益はプラシーボだ」と言いながら、私自身、神社のご利益に心惹かれて参拝したくなることはよくあります。

金華山黄金山神社（宮城）には、「3年続けてお参りすれば、一生お金に不自由しない」という魅力的な言い伝えがあります。牡鹿半島の沖合にある島「金華山」に鎮座していて、船でしか行けず、その本数も週に1便日曜日の午前中だけ（私が通った女川ルートの場合）というなかなか行きにくい場所です。

以前から行ってみたいなとは思っていましたが、「はじめに」で述べたように、できるだけ「仕事のついで」をモットーにしているため、なかなか訪れる機会がありませんでした。

2018年夏、仙台で講演の仕事があり、余分に一泊すると訪れることができる日程だったので行ってみました。島へ行くプロセスも含め素晴らしかったので3年通いたいと思いました。すると翌年も翌々年もうまいぐあいに仙台で講演があり、調整すれば行ける日程だったので3年間の参拝を無事達成することができました。特に3年目の2020年は新型コロナウイルスの蔓延でリアルな講演がすべて中止になった時期でしたが、奇跡的に仙台のスタジオからオンライン講演をすることになったことで「仕事のついで」に参拝できました。

これはスピリチュアル的には「金華山黄金山神社の神様に呼ばれている」ということかもしれませんね。

「一生お金に不自由しない」というご利益は、まだ人生を終えていないのでわかりませんが、たとえプラシーボ効果であっても叶うことを願っています。

神社によく参拝していると、プラシーボ効果で本当に「運がよくなる」可能性が高まります。

⑧神様（サムシング・グレート）効果

神社参拝を楽しむと、「運のいい人」になれる理由を、さまざまな観点から探ってきました。

最後にあげるのが、「神様（サムシング・グレート）効果」です。

私自身は、前述したように「神社にご祭神とされる神様はいるかどうかわからない。神様は自分の脳内にはいる」というスタンスです。

しかし本当に神社に神様がいて、あなたが「運のいい人」になるように導いてくれる、という可能性も否定はできません。

それが神様でなく神様的なサムシング・グレートであってもいい。

科学では説明できないことはまだまだいっぱいあります。たとえそれが何者であったとしても、あなたを「運のいい人」にしてくれるのであればそれでいいではないですか？

参拝が目的ではなく「神社で楽しむこと」を目的にしよう

ここまで書いてきて改めて気づいたことがあります。

神社で「運のいい人」になるためには、参拝することもさることながら、時間に余裕をもって楽しむことが重要だということです。

心を整えて、五感でその神社をゆっくり味わいながら参拝して、初めてマインドフルネス効果や森林浴効果も得られると思います。いくらパワースポットであっても、その場所に行くことだけを目的にしてしまうと、思ったような効果は得られないのではないでしょうか？　新しいアイデアだって生まれにくいはず。

かくいう私も、時折、出張先で電車やバスの時間を気にしながら参拝することがあります。そんな時は、あとから考えるとやはりどこか消化不良な感じで十分に楽しめていません。

私が大好きな神社のひとつに椿大神社（三重）があります。年間賛助会員になっていて、毎年春頃に参拝してご祈祷していただく習慣をもう8年くらい続けています。最初の数年は近鉄四日市駅からバスで行っていました。しかしこのバスは2時間に一本くらいしかないので、その時間を気にするとどうも気持ちが慌ただしい。

そこでここ5年くらいは、四日市駅近くでレンタカーを借りて行くことにしています。おかげで気持ちに余裕ができ、ゆっくりと隅々まで楽しめるようになりました。行きかえりの道中、他の神社にも寄ることができます。

会社の運がよくなる参拝方法は？

神田明神と呼ばれる神田神社は、東京を代表する神社のひとつです。私もお茶の水などで仕事があった時は、できるだけ参拝させていただいています。

以前、宮司が話されていましたが、平日の早朝、鳥居の前に社用車らしき黒塗りの車が停まることがよくあるそうです。後部座席から降りてきた企業のトップが、出社前に参拝しているのです。

中には誰もが知っているような大企業の社長や会長さんもいるらしい。特に毎月１日には多いとか。

もちろん、忙しい中、神社に参拝することは素晴らしい。

ただ私の理論でいくと、ただ拝殿にまっすぐ歩いていき「うちの会社がもっと繁栄するようにお願いします」と神頼みして帰るだけでは「会社の運」も「本人の運」もさほどよくならない可能性があります（余計なお世話ですが）。

可能な限り、神社にいる時間を楽しみその上で拝殿に向かい「お参りできていることへの感謝」「会社が存続していることへの感謝」「働いてくれている社員への感謝」「利用してくれているお客さんへの感謝」を述べた上で、「今回、このような施策を始めようと思います。よき方向にお導きください」といったお願いをすると、「会社の運」も「本人の運」もよくなること間違いなしです。

　この本を読んでいる企業のトップの方がいらしたら、ぜひ実践していただければと思います。

第2章

「運のいい人」が実践する参拝方法

神社参拝には本来厳格な作法はない

第2章では前章の「神社に参拝すると運がよくなる8つの理由」を踏まえつつ、実際に神社に参拝する時のことをシミュレーションしていき、より「運のいい人」になれる参拝方法をお伝えします。

神社に関する本では、参拝の作法に関して細かく書かれているものも多いです。しかし書かれている作法の多くは、昔からあったものではなく、近年になって確立されたものだといわれています。実は根拠のないものも多く、誰かが書いた記述がそのまま広まっていったものも多くあります。

私は「こういう時は絶対にこうしなければならない」という言い方をする人が苦手です。ものの見方はいろいろあり、絶対に正しいものなどこの世にないと考えるからです。私が神社や日本の神様が好きなのは、そのゆるさ故です。

神社ビギナーだった時、神社に詳しい人に聞いたことがありました。

「この前読んだ神社の本に午後4時以降お参りしてはいけない、ご祈祷の時はスーツでとかの作法を書いてあったけど本当ですか？」

するとその方は以下のように答えてくれました。

「そんな決まりは何もない。そもそも日本の神様はおおらかでそんな細かいことは気にしない。神社の本に書かれているような『○○しなければならない』『○○してはいけない』のようなことは気にする必要はまったくない」

その答えを聞いた瞬間、私はこの考え方を信じていこうと決めました。

逆に言うと、この考えを人に強要するつもりはありません。「○○しなければならない」「○○してはいけない」とルールを決めて参拝するのも自由だと思いますし、効果があるかもしれません。

このような考えから、私自身は常識的な公衆マナーが守られていれば、それぞれ自分の好きなスタイルや服装で参拝していいと考えています。

といいつつ矛盾していますが、ここから述べる手順は、近年確立されたという一般的な作法に沿っています。私自身、それより前の作法は知らないこともありますし、前述した「マインドフルネス」状態になるには、あえて一般的作法にのっとりルーティーン化してしまうことをオススメするからです。

集中！　玉砂利でシャリシャリと雑念をはらう

神社でまず目につくのが鳥居です。

鳥居は神社のシンボルであり、門に当たる部分です。内側の神聖な場所（神域）と外側の人間の暮らす場所（俗界）とを区切る境界の役割もあります。

神域に入らせていただくというケジメに、鳥居をくぐる前に立ちどまって、一礼をしてからくぐります。

ここから、俗界の悩みや不安は忘れて目の前の参拝に集中しましょう。そうすることでマインドフルネス状態に近づきます。

大きな神社では、参道に複数の鳥居があります。拝殿に近づいていく喜びを感じながら、それぞれで立ち止まり一礼しましょう。鳥居の前後に太鼓の胴のように上へ丸く反った「太鼓橋」がある神社もあります。こちらも神域と俗界を区切る役割があり、太鼓橋を渡ることで身が清められるという考え方もあります。

神域に入ると、玉砂利と呼ばれる丸い小石が敷き詰められていることが多いです。見た目にも美しいですし、境内の清らかさを保つために敷かれています。実用的な意味では、雨でぬかるんだり風で砂埃が舞ったりするのを防ぐ効果があります。

玉砂利を踏みしめる感覚と、シャリシャリという音を意識しながら進んでいきましょう。この音により、よこしまな気を寄せ付けないといわれています。実際にその音を味わうと、心が静かに落ち着き参拝に集中することができます。神社によって敷かれている玉砂利の粒の大きさはさまざまです。中には砂利というより石という神社もあります。粒の大きさによって踏みしめる感触や音も違います。

私が毎年伊勢神宮外宮《げくう》を参拝する時は、まだ真っ暗な早朝。このシャリシャリという音を感じながら参道を進むと、雑念がはらわれどんどん集中力が高まり、神経が研ぎ澄まされていくのを感じます。

鳥居から拝殿まで石畳を通っていく神社も多いですし、階段や山道を登る神社もあります。シャリシャリという音は聞こえなくても、足の感覚や周囲の音を意識して、五感で神社全体を感じながら参道を進みます。

私は素晴らしい神社に来ると「素晴らしい」「むちゃいい」「気持ちよすぎる」などと、声にならない程度に呟きながら歩いていますす（かなりヤバい人ですね）。

鳥居から拝殿まで距離がある神社もあります。リズミカルに歩くとセロトニンが分泌しやすいといわれています。

手水舎で不要な思考を洗い流す

鳥居からすぐ、もしくは拝殿の近くに手水舎があります。「ちょうずしゃ」「てみずや」などと読みます。

こちらは参拝する前に、手や口を清める場所です。

古来、近くを流れる川や湧き水で全身を清めてから神社に参拝していたといいます。それが、手や口のみを清めるよう簡略化され、手水舎が生まれました。

伊勢神宮内宮には手水舎とともに、五十鈴《いすず》川に御手洗場があり手を清めることができます。冬だと少し手をつけただけでも凍えるように冷たく、全身を清める風習が残っていなくてつくづくよかったと思います。

この時、手や口で水の感触を十分に味わいましょう。

神道的には罪や穢れを洗い流すためですが、本書の文脈で言うと「雑念などの不要な思考を洗い流してマインドフルネス状態に入るための儀式」というとらえ方もできます。

手水舎の水は、龍の口から流れ出ている神社が多いですが、これは龍には水を司《つかさど》るパワーがあるとあがめられてきたからだといいます。神社によってさまざまな形があるのもおもしろいです。

箱根神社（神奈川）の本殿の隣にある九頭龍神社新宮の手水舎は、九つの龍の口から水が流れていてインパクトがあります。この水は「龍神水」と呼ばれるご神水で汲んで持ち帰ることもできます。

伊豆山神社（静岡）は、かつては神仏習合の伊豆山権現と呼ばれた社で、若き日の源頼朝と北条政子がこの地で逢瀬を重ねたことでも有名です（境内に頼朝と政子が腰掛け、愛を語らったといわれる腰掛石もあります）。手水舎は鮮やかな紅白二龍の蛇口が印象的で、なぜかエロスを感じます。赤龍は火、白龍は水の力を司り、二龍の力を合わせて温泉（走り湯）を生み出しているとのこと。伊豆山神社から見下ろす熱海の海は絶景でAwe体験が味わえる大好きな神社です。

次のように龍以外の動物の口から水が流れ出ている神社もあります。

・鹿　春日大社（奈良）
・牛　羽田神社（東京）
・蛇　大神神社（奈良）
・亀　亀戸神社（東京）、江島神社奥宮（神奈川）
・ウサギ　調《つき》神社（埼玉）、宇治上《うじがみ》神社（京都）、住吉大社（大阪）

京都の平安神宮の先にある岡崎神社は境内にはウサギの置物がいたるところ

にあります。手水舎にもウサギはいますが、こちらは腹に水をかけ撫ぜて祈願する「子授けうさぎ」というもので、口から水は出ていません。

手水の作法はその場に書かれていることが多いので、そちらに従いましょう。

一般的には、まず右手で柄杓を持ち、水を汲んで左手を洗います。次に柄杓を左手に持ち替えて、右手を洗います。その後、再び右手に柄杓を持ち左手で水を受け、口をすすぎます。最後に柄杓を立て、残った水で取手の部分を洗って戻します。

もっとも、コロナ渦において感染拡大防止のため大多数の神社で手水舎から柄杓が取り払われ、手水舎自体の使用が禁止されました。それをきっかけに蛇口などから自動で水が流れるタイプの手水舎を新設した神社も多数あります。現在は柄杓を復活させた神社もあれば、取り払われたままの神社もあります。

コロナ渦をきっかけに全国の寺社に広がったのが、手水舎の手水鉢に色鮮やかな花を浮かべた「花手水」です。感染拡大防止で使われなくなった手水舎で、少しでも参拝者の気持ちを明るくさせるために始まりました（正確にはその前から実施していた寺社はあったらしいです）。それがインスタグラムなどのSNSで拡散され、それを見て実施する寺社が増えたとのことです。特にあじさいの季節は多くの神社で今も「花手水」が実施されています。

赤坂氷川神社（東京）の手水舎には、同神社の社務所で開催されているいけばな教室の有志の方が奉納した生け花が飾られていて、普通の花手水とはまた違ったアート性を感じます。

二拍手でいい音が出ると気持ちいい

手や口を清めたらいよいよ参拝です。

古来、参拝の作法は全国の神社ごとに違っていました。だから全国的にこうしなければいけないという統一した作法の決まりはなかったのです。それが明治から昭和にかけて徐々に「二拝二拍手一拝」（二礼二拍手一礼）に統一されました。

実際、全国の神社やその団体などのサイトを見ると今でも「神社にお参りする際の作法には厳格な決まりはありません。どのような方でも、どういった作法であっても、御参拝いただくことが可能です」と書かれていることが多いです（その後、一般的な作法を紹介しますといって「二拝二拍手一拝」を紹介することが多い）。

では「二拝二拍手一拝」とはどのような作法でしょう。

たとえば全国の約8万の神社の9割以上を包括する宗教法人神社本庁のサイトでは、参拝の作法を以下のように記述しています。

参拝作法（神社本庁のサイトより引用）

参拝作法は、永い間の変遷を経て、現在「再拝（礼）・二拍手・一拝（礼）」の作法が基本形となっています。

1　神前に進み、姿勢をただし再拝（礼）します。

背中を平らにし、腰を90度に折り、拝（礼）をします。

この時の拝（礼）は2度行います。

2　胸の高さで両手を合わせ、二拍手します。
この時、右指先を少し下にずらします。（第1関節くらいまで）
そして肩幅程度に両手を開き、2回手を打ち、その後、指を揃えます。

3　あらためて姿勢をただし、再拝（礼）します。
最後にもう1度拝（礼）をします。

私もこの作法に則って参拝しています。
特に、きちんと90度で拝ができ、二拍手でいい音が出ると気分がアガります。
90度の拝は自分がやっているつもりだけで、身体がカタいので怪しいですが。

同調圧力に負けない二礼四拍手一礼の神社

現在においてほとんどの神社が「二拝二拍手一拝」の作法を薦めています。
ただし例外があります。
出雲大社（島根）、宇佐神宮（大分）、彌彦神社（新潟）は「二拝二拍手一

拝」ではなく「二礼四拍手一礼」を作法としています。
出雲大社のサイトにはその理由を以下のように記述しています。

一般的には「2礼2拍手1礼」ですが、出雲大社の正式な参拝作法は「2礼4拍手1礼」となります。ご本殿以外のご社殿をお参りの際にも、この作法にてご参拝下さい。4拍手をする理由ですが、当社で最も大きな祭典は5月14日の例祭（勅祭）で、この時には8拍手をいたします。数字の「8」は古くより無限の数を意味する数字で、8拍手は神様に対し限りない拍手をもってお讃えする作法です。ただし、8拍手は年に1度の例祭（勅祭）の時のみの作法としています。平素、日常的には半分の4拍手で神様をお讃えする4拍手の作法としていますが、お祈りお讃えするお心に差はありません。

（出雲大社のサイトより引用）

宇佐神宮や彌彦神社のサイトでは、理由は不明だが代々神職が伝えてきたものであるとしています。ほとんどの神社が「二拝二拍手一拝」としているところを、同調圧力に負けずに、伝わってきた作法を通しているところが個人的には好きです。

もちろん、これらの神社では、「二礼四拍手一礼」をします。

ご本殿の参拝が終わったら、できれば境内にある摂社・末社なども参拝したいところです。摂社・末社とは、ご本殿以外にある小さな社のことです。参拝者のほとんどは本殿の参拝だけで済ませますが、摂社・末社まで参拝する方が隅から隅までじっくり神社を楽しめるからです。大きな神社には数多くの摂社・末社があります。そこまで大きな神社でなくても、同じ境内に稲荷神社はあることが多いです。

摂社と末社の違いはあいまいなことも多いですが、摂社は、御祭神と関係のある神や地主神など、特別な由緒がある社で、それ以外を末社と呼ぶようです。境内だけでなく敷地外に摂社・末社がある場合もあります。

ちなみに伊勢神宮は、正宮（内宮・外宮）2社、別宮14社、摂社43社、末社

24社、所管社42社の125社の総称とのことです。別宮もすべて素晴らしいので、余力があればぜひ参拝してください。

オススメの摂社・末社や神宮の別宮については第4章で紹介します。

「運のいい人」の参拝の仕方

第1章で述べたことと少し重複しますが、拝殿の前での私は以下のような手順で参拝します（別にこれが正解という訳ではありません）。

①軽く礼をして拝殿の前へ
②お賽銭を静かに納める　鈴があれば静かに鳴らす
③二拝二拍手
④名前と住所を名乗る（ここからは声にならないよう口の中でつぶやくイメージです）
⑤その神社が初参拝の場合は「初めてお参りさせていただきます」、何回目

かの場合はたとえば「1年振りに参拝させていただきます」と前振りのあと、「今日はお参りさせていただき本当にありがとうございます」とお礼

⑥元気でいること、この場に縁あって来られたことへの感謝

⑦どれだけ感動しているか、その神社の素晴らしさを褒めちぎる（ただし本当に思った時だけ）

⑧近況報告（例　最近新しい本を出した等）と目指す努力目標を宣言（例　本が多くの人に届くように頑張る等）

⑨「何卒、いい方向に導かれますようにご加護をお願いします」などの締め

⑩「ありがとうございました」と深々と一拝

これらの一連のルーティーンが終わると、軽く礼をして引き上げる

改めて書いてみると、お礼や感謝ばかりしているイメージです。きっと「感謝効果」も得られているでしょう。ただし、それを狙っているわけではなく自

然に湧き上がってくる感情のままにそうしています。

5円玉や10円玉のお賽銭は迷惑？

お賽銭は、日々暮らしていることへの感謝を込めて、米などの農作物を神様へお供えしたことが由来だといわれています。後に貨幣が普及すると、お米の代わりに金銭も供えるようになりました。

お賽銭の金額、あなたはいくら納めていますか？

語呂合わせで、5円（ご縁）や15円（十分ご縁）という金額を入れている方も多いかもしれませんね。もちろん決まりはありません。個人の自由です。ここからはあくまで私の考えです。

お賽銭は「神様への感謝」という意味で納めるという考え方が一般的です。

しかし私は、お賽銭は「神社への感謝」と考えて納めさせていただいています（神社に神様がいるかどうかわからないという考えですし）。

考えてみればほとんどの神社に入場料はありません。信者じゃなくても無料で入らせていただいています。にもかかわらず、今までに述べてきたように、さまざまな効果を与えてくれる場所を提供してくれているのです。少しは神社にお金を落とさないとバチがあたります（誰から？）。

では、前述した金額はどうでしょうか？　今、多数の硬貨を銀行などに入金しようとすると手数料をとられます。そのように考えると、（神社の立場では言いにくいでしょうが）5円玉や10円玉のお賽銭は迷惑になっている可能性が高いです。本当は紙幣を納めたいところですが、そこまで思いきれない方が多いでしょう。だとしたら入場料代わりに硬貨は最低でも100円玉を入れる方がいいと考えます。

私はというと、小さな神社では100円玉か500円玉を、少し大きめの神社では千円札を納めることが多いです。「神社の大きさで変えるのか？」と言われそうですが、やはり大きい神社の方がいろいろ経費もかかるだろうし、摂社・末社も多いのが一般的です。私は時間がある時は境内にある摂社・末社は一通り参拝しますが、一社一社でイチイチ財布から硬貨を取り出してお賽銭箱に入れる動作が好きでないので、その分も合わせて本殿に納めさせていただくという考えもあります。本当は大小かかわらずすべての神社のお賽銭を「紙幣」で納めていますという方がカッコいいのですが、結構な数を行くので無理のない範囲でそうしています。

紙幣は水引が印刷された小さなポチ袋に折りたたんで入れ、表に「御礼」と書き、裏に名前を記して納めています。賽銭箱にそのまま紙幣を入れると重みがなく、うまく下に落ちていかないこともあるのでそうしているというのが表向きの理由です。しかし、紙幣をお賽銭で入れるのだから少しはアピールしたい(誰に?)、という下心があるのも事実です。

当たり前ですが、お賽銭の金額によってご利益が変わるということはありません。感謝(神社でも神様でもサムシング・グレートでも)の気持ちを込めて、無理のない範囲であなたにとってふさわしい金額を納めましょう。

ご祈祷（昇殿参拝）のススメ

神社をより楽しみたかったら、ご祈祷（昇殿参拝）をオススメします。

ご祈祷とは、参拝者が社殿に上がって、神職に祝詞《のりと》を読んでもらってお祓いを受け、お願い事を神職から神様に伝えてもらう儀式のことをいいます。社殿に上がるので昇殿参拝という言い方もします。神社によっては社殿ではなく、別に設けられた神楽殿などで執り行われることもあります。

私は、毎年それぞれ決まった季節に、伊勢神社内宮（三重）、箱根神社（神奈川）、椿大神社（三重）でご祈祷を受けます。他にも、明治神宮（東京）、神田神社（東京）、寒川神社（神奈川）、三嶋大社（静岡）、熊野本宮大社（和歌山）、春日大社（奈良）、一言主神社（奈良）、出雲大社（島根）、美保神社（島根）などでご祈祷を受けたことがあります。もっと受けたいのですが、ご祈祷の際にいただく御神札《おふだ》が多くなりすぎて置く場所がないので自重しています。

ちなみに御神札を飾る神棚は持っていません。私は神社のことは好きですが、神道信者ではないですし、御神札はあくまで「概念」でそれ自体に意味はないという考えです。実際、御神札は自分の部屋の棚の上には飾っていますが、手を合わせることはまずしません。もちろん御神札をきちんと神棚に飾って、毎日、「水」「米」「塩」などをお供えする方が気持ちいいと感じる方はそうした方がいいでしょうし、効果はより出るかもです。私にはそれは無理ですし、義務を感じた時点で楽しさがなくなると思うのでしません。

神社本庁のサイトによると、ご祈祷（個人祈願）は以下のような歴史から誕生したとのことです。

元来、神社では国家の安全や天候の安定、五穀豊穣など、公共性の強い祈願を行っていました。一方、現在のような個人のために行う個人祈願は、平安中期頃の陰陽師《おんみょうじ》による陰陽祓《はらい》の活動によって始められたと考えられます。これが神道信仰の中に入ってくるのは平安後期頃のことで、祈祷師の活動によるとされています。

それ以来、個人祈願は歴史的にさまざまな変遷を見せながら、現在のように神社の神職によるご祈願が一般的な形になっています。その内容は合格、安産、病気平癒、商売繁盛、寿命長遠、子孫繁栄など多種多様です。

（神社本庁のサイト「ご祈願の歴史」より引用）

ご祈祷は、お宮参り、七五三、厄払いなどの人生の節目の時に受けるイメージですが、もちろんそうでない時も受け付けてくれます。神社の本には服装についていろいろ書いているものもありますが、そんな細かなことを気にするよりも、この儀式をエンターテインメントとして楽しむことが「運をよくする」と信じています。

あくまで私が経験した中ですが、一般的なご祈祷の手順は以下の通りです。

①祈祷の申し込み

社務所や窓口で、申し込み用紙に「氏名」「住所」「生年月日」「祈願する内容」を書いて提出します。祈願する内容はたとえば「家内安全」「商売繁盛」「無病息災」「交通安全」「病気平癒」「合格祈願」「良縁成就」「心願成就」「神恩感謝」などの項目から選ぶ形式になっている用紙が多いです。ぴったりの項目がなければその他にマルをつけて自分で記入します。私の場合は「神恩感謝」一択です(神様はいるかどうかわかりませんが)。

②祈祷料(初穂料)とともに申し込み用紙を提出

神社に収めるお金のことを「初穂料」といいます(玉串料と呼ぶところも)。もともと最初に収穫した稲穂(米)を神様にささげたことの名残です。ご祈祷にかかる初穂料は3千円から1万円くらいまでが一般的です。ただし大きな神社はより高い設定のものもあります。また金額の設定は特になく、御志《おこころざし》といって参拝者に初穂料を委ねる神社もあります。初穂料の違いによって、参拝終了後に渡される御神札の大きさや撤下品《てっかひん》の違うのが一般的です。撤下品は撤下神饌《しんせん》などとも呼ばれ、神様にお供えしたものの御下がりをいただくものです。

③待合室で待機　準備ができると拝殿に向かい着席

拝殿は一般的に畳に座る場合が多いですが、最近は背の低い椅子を用意してくれている神社も多いです。正座が苦手な私は助かります。

④太鼓の音とともにご祈祷スタート

まず神職が祓詞《はらえことば》を奏上します。次に頭を下げた姿勢のままで神職によるお祓いを受けます。さらに神職が願い事に合わせた祝詞を読み上げます。その後、玉串を神前にささげ、二拝二拍手一拝して参拝します。途中、巫女による福鈴があったり、巫女の舞が奉納されたりすることもあります。

⑤御神札や撤下神饌をいただいて退席

ご祈祷が終了すると、退席します。巫女からお神酒が振る舞われることもあります。最後に袋に入った御神札や撤下神饌をいただいて帰ります。撤下神饌は神社によって変わります。

たとえば伊勢神宮では、御神札以外にお神酒、お米、お塩、昆布、鰹（まるごと一本）、干し烏賊、お箸などが木箱に入って撤下神饌として提供されます。一般的に御神酒、清めの塩、お箸、お守りなどが入っていることが多いですが、以前ご祈祷させていただいた葛城一言主神社では地元の名産品が入っていました。

日本最強のエンタメ、神宮の御神楽

私がご祈祷を好きになったのは、伊勢神宮内宮でご祈祷をあげてもらったことがきっかけでした。伊勢神宮では、ご祈祷を「御饌《みけ》」と「御神楽」という2つの形で提供しています。

この違いは伊勢神宮のサイトによると以下の通りです。

神宮ではご祈祷を「御饌」と「御神楽」という2つの形で、内宮と外宮の神楽殿でご奉仕しています。「御饌」はお祓い後、御神前に神饌をお供えし、祝詞の奏上をもって皆様の真心とお願いごとを大御神にお届けします。この「御饌」に加えて、雅楽の調べと共に雅な舞を奉納するご祈祷が「御神楽」です。所要時間は「御饌」が約15分、「御神楽」が約25分から40分です。

（神宮のサイト「御饌と御神楽の違い」より引用）

つまり「御饌」はご祈祷のみで、「御神楽」はそれに加えて雅楽の演奏とともに巫女の舞を奉納できるのです。

当時何も知らなかった私は、初年度は「御饌」を申し込みました。もちろんそれはそれで素晴らしかったのですが、翌年少し奮発して「御神楽」を体験して、前の年に「御神楽」を申し込まなかったことを激しく後悔しました。

何種類かの楽器から奏でられる雅楽の音色と巫女たちの舞いの形式美が私の心を大きく揺さぶったのです。それはまさに大きな「Awe 体験」でした。それ以来、年に一度かかさず「御神楽」を奉納させていただいています。あくまで、奉納するものなので、巫女の舞は神様を楽しませるという目的で神前に向かってなされ、参拝者は後ろから見守らせていただいているという形です。

何回体験してもまったく飽きません。体験するたびに「神宮の御神楽は日本最強のエンターテインメントだ」と確信します。

神職、雅楽の生演奏をする方々、４名の舞う巫女、神饌（神様にお供えするお食事）を持ち運びする巫女など、総勢十数名で織りなす一流のエンタメです。その種類も以下のようにいろいろあり初穂料も違います。詳しくは伊勢神宮の公式サイトでお確かめください。

御神楽　［倭舞《やまとまい》］
大々神楽　［倭舞・人長舞《にんじょうまい》］

別大々神楽　［倭舞・人長舞・舞楽1曲］
特別大々神楽　［倭舞・人長舞・舞楽2曲］

同じ回に、より大きな御神楽を申し込んだ方がいると、その回の参拝者は全員その御神楽を体験できるシステムのようです。私も以前、某有名企業の幹部参拝と同じ回になり、「特別大々神楽」を体験しました（参考までに初穂料は50万円以上です）。実はそれ以前は、いつか「特別大々神楽」を奉納しようと思っていました。しかしその体験でもう満足したので、その後も分相応に御神楽を奉納させていただいています。

新型コロナウイルスの流行時には、祈祷を簡略化する神社も散見しました。しかし神宮の御神楽はほとんど変わらなかったと思います（撮影等は一切禁止なのであくまで記憶の中でということですが）。

2021年には、その回の御神楽を申し込んだのが私ひとり、ということがありました。それでも、私ひとりのために、総勢十数名の方々がいつも通り最高のエンターテインメントを提供してくれて、ありがたさと申し訳なさに心震えました。

巫女舞を毎日見ることができる神社がある

美保神社（島根）は、島根半島の東端にある「美保関」と呼ばれる場所に鎮座しています。事代主神《ことしろぬしのかみ》を祭神とするえびす様の総本宮です（蛭児大神《ひるこのおおかみ》を祭神とするえびす様の総本宮は西宮神社）。

事代主は大国主《おおくにぬし》の息子であることから、大国主大神を祭神とする出雲大社と合わせて参拝する「えびす・だいこく両参り」は、江戸時代に盛んに行われていた風習だといいます。両参りするには、島根半島の西と東の端、約70キロ離れているので車でもそこそこ時間がかかりますが、ご利益が数倍アップするという言い伝えがあるそうです。

2014年5月、鳥取県の米子にある「本の学校今井書店」で当時毎年リアル実施されていた「書店人教育講座」の講師として呼んでいただきました。翌日、レンタカーを借りて初めて美保神社に参拝しました。鳥取県境港市と島根県松江市の県境にかけられている境水道大橋を渡った時から、その風景の素晴らしさに気分がアガりました。さらにそこから続く海岸沿いの道をしばらく走ると「美保関」に着きます。まるでタイムスリップしたような郷愁を感じる小さな漁師町で、「エモい」という言葉がぴったりの場所です。

海沿いの神社ですが、境内に一歩入ると一転して山に囲まれています。本殿は「美保造り」と呼ばれる大社造りのお社が2つ並んだ珍しい構造で、国指定の重要文化財です。左殿（向かって右）には三穂津姫命《みほつひめのみこと》、右殿（向かって左）には事代主神が祀られています。三穂津姫命は大国主命の最後の妃であり、高皇産霊命《たかみむすひのみこと》の娘です。

美保神社の大きな特徴は、拝殿に壁がなく、まわりから丸見えの開放的なつくりになっていることです。この構造に加えて周囲が山に囲まれているため、優れた音響効果をもたらしています。えびす様は鳴物がお好きらしく、毎日、朝と夕方に雅楽の演奏と巫女舞が奉納されていて、壁がないので拝殿外から誰でも見ることができます。ご祈祷もこの拝殿で行われ、雅楽の演奏と巫女舞があります。私は美保神社の巫女舞が大好きなので、参拝した時は必ず奉納させていただいています。

余談ですが、「美保関」も含め、境港から松江市街へ向かう方面にある中海のあたりは、他では見られない素晴らしい地形で、何度ドライブしても日本一美しいのではないか（個人の見解です）と思うくらいで、まさにAwe体験の連続です。

初めて訪れた後、15年、18年と同じく「書店人教育講座」の講師で米子に呼んでもらったので、再び三度、美保神社に参拝することができました。20年5月も決まっていたのですが、新型コロナウイルスの流行で開催が中止になりとても残念でした。その頃、他にも大きな講演や企業研修が軒並み中止になりましたが、美保神社に行けなかったのが一番残念だと思ったくらいです。

その後、しばらく行けてないなと思っていたら、今度は島根県の公共の団体から22年、23年と連続して松江でセミナー&ワークショップのオファーがありました。おかげ様で美保神社と出雲大社の両参りをすることもでき、美保関や中海の風景を堪能することができました。

なぜこんなことを書き連ねているかというと「美保神社に参拝できるような鳥取や島根での講演やお仕事お待ちしています」ということを訴えたいからでした。

日本一ご祈祷者数が多い寒川神社

寒川神社は神奈川県寒川町に鎮座する相模国一之宮です。祭神は「寒川比《さむかわひ》古命《このみこと》」と「寒川比女命《さむかわひめのみこと》」の二柱（寒川大明神）で、古事記にも日本書記にも登場しない、謎多き神様です。全国で唯一と称される八方除《はっぽうよけ》の神社としても有名です。

八方除とは「地相・家相・方位・日柄などに起因するすべての禍事・災難を取り除き家業繁栄・福徳円満をもたらすもの」とのこと。

私は隣の市の在住なので、数カ月に一度は参拝する大好きな神社のひとつです。ただ身近すぎることもあり、つい最近まで一度もご祈祷を受けたことがありませんでした。本書の編集者が年に一度寒川神社でご祈祷を受けているという話を聞き、興味を抱き調べてみました。すると年間ご祈祷者数30万人で圧倒的に全国一（具体的な神社名は書かれていませんでしたが、2番目に多い神社で年間約3万件とのこと）という記事が出てきました。年間30万人というとざっくり毎日1000人弱。実際、編集者がご祈祷してもらう年末は、1回で100名くらいの参拝者が平気でいるとのことでした。考えられないくらいすごい数字です。

これは一度体験せねばと、私もご祈祷していただきました。実際に社殿に上がると、外から見ているよりもはるかに大きく立派で、まずはそれに驚きました。座っているだけでも厳かな気持ちになります。寒川神社ではすべての参拝者の、名前、住所、生年月日を奏上してから御祈願の内容を唱えるので、参拝者が多い時にはとても時間がかかるそうです。編集者の情報によると、御祈願の内容も「舞台アニーのオーディションに受かりますように」などかなり具体的なものもあるそうです。幸い私がご祈祷を受けた回は10名ほどだったので時間はかからず、ご祈願の内容も普通のものばかりでしたが、とても気持ちのいいご祈祷でした。

ご祈祷を受けた人だけが、入園できる「神嶽山神苑《かんたけやましんえん》」はとても素晴らしいスポットです。御神域でかつては禁足地でしたが、2009年に池泉回遊式の日本庭園や茶屋、資料館を配した神苑として整備され、参拝者も入園できるようになったとのことで、こちらでもAwe体験が味わえるでしょう。

境内を出てすぐのところにある末社の宮山神社もオススメです。古くからこの地域に鎮座していた7社を、明治から昭和にかけて合祀《ごうし》した神社とのこと。小さいながら樹々とお掘に囲まれた神社で、寒川神社のキリリとした雰囲気とはまた違って、なぜか心やすらぐ場所です。

鬼の唸り声!? 吉備津神社の「鳴釜神事」

岡山駅からJR吉備線（桃太郎線）に乗って約30分、吉備津駅で降りそこから徒歩約10分の高台に鎮座しているのが吉備津神社です。

室町時代初期に建立されたという本殿は、全国唯一の「吉備津造り」で国宝に指定されています。また、本殿から続く高低差のある360メートルの美しい廻廊は、一見の価値がある歴史的建造物で、県指定文化財に指定されています。

この神社は、「鳴釜神事《なるかましんじ》」という古くから伝わる特別なご祈祷があることで有名です。岡山に仕事があり、余裕がある時にはよく訪れる大好きな神社ですが、この「鳴釜神事」は体験したことがありませんでした。ぜひ体験談をこの本に書ければと思っていたら、たまたま2024年11月に倉敷でセミナー講師に呼んでいただいたので、ついでに吉備津神社に参拝して、〆切ギリギリで「鳴釜神事」を体験することができました。

この神事は、「祈願したことが叶えられるかどうか」を釜の鳴る音の強弱・長短等で吉凶を占うものです。吉備津神社には、回廊の奥にこの「鳴釜神事」を行う特別の部屋である御竈殿《おかまでん》が設けられています。

まず社務所で「祈願」の内容を書き、申し込みます。いつもは「神恩感謝」

ですが、「祈願したことが叶えられるかどうか」を占うということなので、今回は「心願成就」にしました。まず一般的なご祈祷をしていただきます。その後、御竈殿に移動していよいよ鳴釜神事の始まりです。

部屋には大きな釜があり、下から薪で炊かれて湯気がたちのぼっていて、香ばしい匂いがたちこめています。儀式は神官と二人の阿曽女《あぞめ》と呼ばれる女性とで執り行われます。神官は、祈願した神札を竈の前に祀り祝詞を奏上します。阿曽女たちは、釜の上に載ったセイロに入れた玄米を振ります。ここからの音で吉凶を占うのです。ただし、その判断は自分の心で行い、神官も阿曽女も何も言わないとのこと。

私の場合、玄米が振られた瞬間から、大型船の汽笛のような音が反響して四方八方から降り注いできて体の芯に響き渡り、音程を変えながらしばらく続きました。今まで体験したことのないような音で、エクスタシーを感じるほどです。すべての「心願」が「成就」してしまうのではないかと思うほどの鳴り方でした。ほどなく祝詞が終わり、阿曽女が釜に蓋をすると音はピタッと鳴りやみました。

同じ時間、同じ場所にいても人によって釜の音の感じ方はまったく違うらしいです。音が大きく聞こえてもそれが不快に感じれば「凶」。また音が聞こえなくても落ち込む必要はなく「今は祈願することの準備が足りていないのでさらに努力すべし」と受け止められたら「吉」とのことです。この自分で判断するのはいいですね。

実はこの音は、鬼のうなり声ともいわれています。もともとこの地域は古代「吉備国」と呼ばれていました。当時、略奪などの野蛮な行いをしていた「温羅《うら》」と呼ばれる一族を、大和朝廷から派遣された吉備津彦命《きびつひこのみこと》が討伐しました。これが桃太郎伝説のモデル（吉備津彦命＝桃太郎、温羅＝鬼）となったといわれています。そして吉備津彦命が陣を構えた場所がこの吉備津神社のある場所で、鳴釜神事が行われる御竈殿には退治された「温羅」の首が埋められているという伝説があるのです。

吉備津彦命によって刎《は》ねられた温羅の首は死んでもうなり声をあげ続け、犬に食わせて骸骨にしてもうなり続け、御竈殿の下に埋葬してもうなり続け、その声の大きさに村民たちは困り果てていました。

ある日、吉備津彦命の夢に温羅が現れ「妻である阿曽媛《あそひめ》に釜を炊かせたら、あなたの使いとなり、釜の音で吉凶を示そう」と告げたので、その通りにすると唸り声も治まり平和が訪れたといいます。奉仕していただいた「阿曽女」は温羅の妻が住んでいた「阿曽」出身の女性が代々務めているとのこと。

鬼の唸り声と考えると少し怖いですが、こちらの神事も一流のエンターテインメントだと深く感じ入りました。

第3章

「運のいい人」は、仕事に神社のモデルを取り入れる

実はすごい神社のビジネスモデル

神社は、法律上は宗教法人です。しかし宗教だと思っている人は少数でしょう。私自身も繰り返しになりますが、神道の信者ではありませんし、神社参拝を宗教儀式とはとらえていません。

全国のほとんどの神社は、神社本庁が管理しており人事権なども握っているそうです。また一部の有名神社を除きその経営は決して楽ではないといわれています。

正直、そのあたりのことはあまり興味ありません。これだけ神社には通っていますが、親しくさせていただいている神職の方はひとりもいません。私は神社のことが好きなのであって、そこに関わっている組織や人にはあまり興味がないのです。たとえてみると「大好きで推しているアイドルの舞台裏や普段の姿はできるだけ見たくない」という心境に似ているかもしれません。

一方、私は以前から「神社のビジネスモデルはすごい。小さな会社・お店・

個人事業主・クリエイターなどはすべからく見習うといい」と提唱しています。
具体的には以下のようなポイントです。

・集客面　積極的な広告や勧誘をしなくてもお客さんが勝手にやってくる
・収入面　小口から大口までさまざまな収入源がある

それぞれより詳細に見ていきましょう。

フリー戦略で集客を増やす

まず参考にしたいのが集客面です。多くの神社は積極的な広告や宣伝をしていません。また他の宗教のように信者が誰かを勧誘するようなことも少ない。にもかかわらず、多くの人が参拝しにきます。

それはなぜでしょう？　一番にあげられるのが、開かれたスペースだということです。具体的にいうと神社は24時間立ち入り自由で（夜は門を閉める神社も）、入場するのも無料というところがほとんどです。伊勢神宮や出雲大社などの全国から多くの人が押し寄せる観光施設であっても同様です。参拝料を徴収するのは、日光東照宮、嚴島神社、日吉大社などごく一部です（春日大社、上賀茂神社など特別区域に入るのに別途参拝料を徴収する神社はあります）。

一方、京都や鎌倉など観光地にある有名寺院の多くは、拝観料があります。拝観料がないお寺でも夜は門を閉ざします。神社であればどこでも気軽に入場することができますが、街中にある小さなお寺はちょっと入りにくい。

お寺に比べて神社は開かれたフリー戦略を取っているのです。それによって集客が増えることで、お賽銭、おみくじ、御朱印、お守りなど収入が増えることが期待できます。

「合格祈願」「厄除け」「商売繁盛」「家内安全」「病気平癒」など、参拝者のさまざまなニーズや悩みに応えているのも神社の特徴です。お寺の多くが、葬儀や仏事など人の死にまつわる行事を担当するのとは対照的です。

初詣から始まって、受験合格祈願、大祓《おおはらえ》、お祭り、七五三など、季節に連動して集客が見込める行事があります。お宮参りや厄払いのように、季節を問わず毎年新たに需要が生まれるものもあります。

いずれも安定した集客につながっています。

店舗などでは特に参考になるビジネスモデルではないでしょうか？

小口から大口まで幅広い収入源

フリー戦略で幅広い集客がある神社は、幅広い層からの幅広い収入源に支えられています。以下に述べる原価や仕入れ値に関しては一般的には公開されていないので、さまざまな記事などからの推測です。

まずはライトな層からの収入を見ていきましょう。

お賽銭は、個人あたりの金額は少額ですが、初詣で多数の参拝客が来る神社などはかなりの金額になります。こちらは直接の原価はほぼゼロです。

おみくじは１００円が主流ですが、利益率が高いのが特徴です。一般的なおみくじの卸値は１０００枚で４０００円程度だといわれています。１枚あたり約4円です。もっとも在庫はかなり持っておく必要はありますが。お守りは500円~1000円くらいで販売されることが多いですが、こちらの卸値はおおよそ20~40パーセントくらいだと考えられます。かなり利益率は高いですよね。御朱印は300円のところが多いですが、人件費以外の原価はほぼゼロです。

次に中間層からの収入です。

御神札は、厚紙を薄い紙で覆っているもの、箱型のもの、木製のものなどいろいろと種類があり、サイズによっても変わりますが、通常1000円~1万円くらいの初穂料で販売されています。こちらも卸値は100円~1000円くらいといわれています。

ご祈祷は数千円~数万円の初穂料が一般的です。こちらは神職や巫女などの人件費を除くと、原価は御神札や撤下神饌のみです。

また稲荷神社などでよく見かける、個人名や企業名が入ったのぼりは、初穂料は数千円~1万円くらいが多いようです。

これが鳥居になると、一気に初穂料は跳ね上がります。

伏見稲荷大社は参道に赤い鳥居が並ぶ千本鳥居で有名ですが、こちらは誰もが奉納できます。初穂料は公式サイトによると（２０２４年10月現在）、一番小さいタイプの5号で30万円、一番大きいタイプの10号は１８９万円（場所によって金額は異なります）だそうです。

余談ですが、私が大好きな伊豆山神社の駐車場側に大きな朱色の鳥居があり、「奉納 小泉今日子」と書かれています。勝手に「キョンキョン鳥居」と呼んでいたら、実際に多くの人からそう呼ばれているそうです。また、伊勢神宮内宮近くにある猿田彦神社の境内摂社の佐瑠女《さるめ》神社には、のぼりが多数奉納されていますが、南海キャンディーズ山里亮太さん他、何名かの芸能人の名前を見かけます。佐瑠女とはのちに猿田彦の妻になった天宇受売命《あめのうずめのみこと》の別名で、芸能・音楽などの技芸上達にご利益があるといわれています。

鳥居などに名前が入ってなくても、何十万何百万と寄進をされる個人や企業も多数存在します。式年遷宮や本殿の建て替え修繕の時には、広く寄付を集めます。

このように幅広い層からの幅広い収入源に支えられているのは、有名ミュージシャンなどのビジネスモデルに近いといえるかもしれません。お賽銭やおみくじは、カラオケでの歌唱。お守りはCDの購入。御朱印はサイン会。ご祈祷はライブやコンサートなどのチケット代であり、御神札やのぼりなどは会場でのグッズ販売。大口の寄進は、CMやタイアップなど企業からの収入といったところでしょうか？

小さな会社・お店・個人事業主・クリエイターなどもこれに近いビジネスモデルを確立することができれば、収入を得続けることができるでしょう。

おみくじの吉・凶に一喜一憂しない

「おみくじ」は、ビジネスやマーケティングの視点で考えても、卓越した発想で作られた、優れた商品です。

前述したように原価はわずかにもかかわらず、多くの人が嬉々としてお金を払い、その結果に一喜一憂します。冷静に考えると、結果は偶然と考えるのが合理的です。占いがそうであるように、書かれていることも多くの人にあてはまるように記述されています。

もちろんそう頭ではわかっている私も、大吉が出るととても嬉しく感じます。また昨年、今まで一度もひいたことがなかった「凶」が２回連続で出た時は、ちょっと気になりました。書かれていることも何となく心あたりがあったので余計に（これも誰にでも当てはまる記述なのですが）。それだけ、エンターテインメントとして、よくできたシステムだと思います。

本来、おみくじは吉・凶に一喜一憂するものではなく、大切なのは書かれている内容そのものだといいます。「吉が出たからといって慢心しておみくじに書かれたことを守らないと凶になる」「凶が出ても書かれていることに気をつければ吉に変換できる」ということが、書かれているのです。

おみくじのルーツは比叡山延暦寺

おみくじは、平安時代に天台宗比叡山延暦寺の高僧だった元三慈恵大師《がんざんじけいだいし》良源《りょうげん》が、中国発祥の籤《くじ》を参考に、「元三大師百籤《ひゃくせん》」という日本版のくじを作ったのが始まりだといわれています。

内容的には、良源が観音菩薩に祈念して授かった百の教えが漢詩で書かれていました。百あるおみくじのうち、吉35パーセント、凶29パーセント、大吉16パーセント、その他20パーセントと割合が決まっていたといいます。現在のおみくじのように、参拝者がひくのではなく、寺の僧侶がひいて、参拝者はその内容についてアドバイスをもらうという方式でした。本来的には運試しというより仏の教えを乞うというのが起源だったのです。今でも比叡山延暦寺元三大師堂では、予約をすればこのシステムのおみくじを実施してくれます。

さらに江戸時代、徳川三代（家康・秀忠・家光）のブレーンとして重用された慈眼大師《じげんだいし》天海《てんかい》によって、おみくじは広まりました。運勢や吉凶を漢詩に詠んだもので、現代のおみくじとほぼ同じ様式だったといいます。今でも、お寺のおみくじは、この元三大師百籤がベースになっているところが多いようです（吉凶などの割合も）。

圧倒的シェアを誇るおみくじ製造会社

神社のおみくじも江戸時代まではこの元三大師百籤を使っていました。みくじ棒と呼ばれる細長い棒が入った筒状の箱を振って、小さな穴から棒を1本取り出し、記された番号と同じおみくじを受け取るというスタイルです。

しかし明治新政府が「神仏分離令」を出したことから、お寺由来のおみくじを使うのはまずいということになりました。そこで、お寺のおみくじに漢詩が書かれているのに対して、和歌が記されたおみくじが作られるようになりました。日本には昔、「歌占《うたうら》」という神様からのお告げを和歌で授ける占いがあったことが由来です。そして、このおみくじを開発したのが、山口県周南市にある二所山田《にしょやまだ》神社の宮司・宮本重胤《しげたね》だったといわれています。

宮本は、当時男性しかなれなかった神職に女性も登用すべきだと訴えて、女性の自立を求める活動を始めます。そして1905年（明治38）、「大日本敬神婦人会」を結成し、その機関紙として『女子道』を発行します。その資金を捻出するために、おみくじの製造・販売を行う「女子道社」を設立したのです。

歌人だった宮本が詠んだ和歌が掲載されるおみくじは好評で、神社のおみくじの原型になりました。「女子道社」は、大正時代に「おみくじの自動販売機」を考案し、あらかじめ折り畳まれた籤（みくじ箋）が主流になります。折りたたむ作業は一枚一枚手作業だそうです。今でも、全国の神社でのおまもりの約7割は「女子道社」製だといわれています。

神社のおみくじ豆知識

現在は全国の神社でさまざまなおみくじが置かれています。

その神社でしか手に入らないオリジナルなおみくじもあれば、全国共通でよく見かけるおみくじもあります。最近は形がかわいいとSNSで話題になっているものも多いです。

ここからは、私が体験した範囲の中で、神社のおみくじに関する豆知識をお伝えしていきましょう。

①伊勢神宮にはおみくじがない

外宮も内宮も「おみくじ」がありません。その理由は伊勢神宮のサイトでは以下のように説明されています。

伊勢神宮には昔から「おみくじ」はありませんでした。おみくじは日ごろからお参りできる身近な神社で引くものでした。また、「一生に一度」とあこがれたお伊勢参りは、大吉でないわけがありません。その為、おみくじも引く必要がなかったと考えられます。(伊勢神宮のサイトから引用)

言われてみれば確かにその通りですね。

その代わりではないでしょうが、伊勢神宮の門前町にある三十三銀行おかげ横丁出張所のATMは、なんとおみくじ機能付き。利用明細裏面に運勢が印刷され、大吉が出るとプレゼントがもらえるとか。他銀行のカードも使えるようなので今度行った時は試してみようと思います。

②吉凶が書かれていないおみくじがある

明治神宮のおみくじには吉凶が書かれていない「大御心《おおみごころ》」という独自のものです。

表面には、明治天皇と昭憲皇太后が多数詠まれた和歌から教訓的なものを15首ずつ、合計30首選んだものが、「大御心」として印刷されています。裏面にはその和歌の意味と解説が英訳とともに書かれています。参拝者はそこから何かしら自分にあった教訓を導き出します。

出雲大社のおみくじも吉凶が書かれていません。代わりに「教訓」と「運勢」が書かれています。

このように吉凶が書かれてないおみくじは、エンタメ性は薄れますが、自由に解釈できるので結構好きです。

③「平」があるおみくじがある

さいたま市大宮区にある氷川神社は、武蔵一宮にして首都圏に点在する約280の氷川神社の本社です。この神社を「氷川の大いなる宮」とあがめたことが「大宮」の地名の由来となっています。

一の鳥居からはじまるケヤキ並木のある約2キロの参道は日本一長いとされ、歩いていてもとても気持ちがいい。私の大好きな神社のひとつで、年に一、二度は参拝させていただいています。

ここのおみくじは吉凶の種類が非常に多いことで知られます。

多くの神社では、おみくじの種類は大吉、吉、中吉、小吉、末吉、凶といった感じかと思いますが、氷川神社の場合は大吉、吉、末吉、小吉、凶、平吉、平、凶末吉、凶向吉、初凶末吉、吉凶末分、吉凶相交、吉平、向吉の14種類が「運勢一覧」として公式モバイルサイトに紹介されています。

おみくじは1番から50番まであり、それぞれに古事記や日本書紀に伝わる出来事などが表題としてつけられています。書かれている14種類の運勢は、いい悪いの順番はありません。

一般的になじみのない運勢は、以下のような意味とのこと。

吉凶末分《きっきょうすえにわかれる》、吉凶相交《きっきょうあいまじわる》：心がけ次第で吉にも凶にもなる
平《たいら》：平かで穏やかな状態なので今の状態で待つのが良い
向吉《むかうきち》、初凶末吉《しょきょうきち》、凶末吉《きょうすえきち》：今は良くないが徐々に良い方に向う
平吉《たいらきち》、吉平《きちたいら》：今の状態で待っていれば良い

（氷川神社公式モバイルサイトより）

なかなか複雑ですね。要は、すべては心がけ次第、吉凶にこだわらず書いてある内容に注意を払えということでしょう。

それ以外にも氷川神社のおみくじで特徴的なのは、文末に現時点で信仰すべ

き神社（境内の摂社・末社）が記載されていることです。氷川神社の広い境内には、門客人神社、天津神社、宗像神社、松尾神社、御嶽神社、稲荷神社、天満神社など個性的な神社が点在しています。

その神社がどこにあるかを探して参拝するのも楽しみのひとつです。

④イケボで聴けるおみくじがある

数カ月前に、新年の福男神事で有名な西宮神社（兵庫県）に参拝しました。「スマホで聴ける言霊おみくじ」というのがあったのでひいてみました。

「言霊おみくじ」の特徴は、ＱＲコードからその内容をイケボ（いい声）の声優さんが読み上げてくれるということです。幸い大吉だったので、ええ声で読み上げてもらえることでテンションが上がりました。このおみくじは、西宮神社オリジナルなものではなく、全国のいくつかの神社でも手に入れられるとのことです。

お守りは「プラシーボ効果」に期待する

「お守り」も「おみくじ」同様にビジネスやマーケティングの視点で考えると、優れた商品です。

何より、コンパクトでかわいいので、邪魔になりません。自分用にもプレゼント用にもぴったりです。

お守りの起源は諸説あり、縄文時代からあったともいわれています。現在のお守りに近いものとしては、平安時代に貴族の女性の間で広まった「懸守《かけまもり》」があげられます。「懸守」とは筒状の布袋に神仏像や紙のお札などを入れて、外出時に首にかけるものです。大河ドラマ『光る君へ』でも登場しました。

お守りの中に入っているのは、御神璽《ごしんじ》というお札で、神社の神職が祈祷することで神の力が込められています（御霊《みたま》入れ）。お守りは紐で袋の口が閉じられていることが多いですが、この紐には「神の力を逃さないように」という意味が込められています。お守りの中身を開けてはいけないといわれているのは、神の力が逃げてしまうというのが理由です。

もちろん、神の力もご利益も科学的実証は難しいですが、前述したように信じることで起こる「プラシーボ効果」もあるので、効果がないとはいいきれません。自分で買って持つことで気持ちがポジティブになったり、人からもらったお守りによって頑張れたりするのであれば、そのお守りのご利益は十分にあると考えてもいいでしょう。

しかし一方で、お守りに依存や執着してしまうことは、「運」を悪くすることにつながりかねません。たとえばせっかくもらった合格祈願のお守りを入学試験当日に忘れたからといって、動揺する必要は何もありません。お守りを持っているか否かで、試験結果が変わることは普通では考えられないからです。しかしそのことに動揺してしまうと、結果が悪い方向に転んでしまうことも起こり得ます。

また、なかなか手に入らないレアなお守りを、必死になって手に入れようとするのも危険な兆候です。

これは何もお守りに限ったことではありません。スピリチュアル全般や占星術などでも同様です。自らがポジティブになれるエンターテインメントとして楽しむ分にはいいのですが、それに影響されて行動が変わってしまうようであれば気をつけた方がいいでしょう。

つい買ってしまったお守りたち

さてここまでいろいろな理屈を述べてきましたが、私はというと単純に「お守り」が大好きです。理由は「かわいい」からです。たくさん持っていすぎるので、できるだけ買わないようにと心がけているのですが、かわいいお守りを見かけるとつい買ってしまっています。

ここからは、私が買った中で印象に残っているお守りをいくつか紹介しましょう。

①「こけざるの梅」堀越神社（大阪）

35ページでも紹介した堀越神社は、四天王寺のすぐ近くに鎮座している歴史のある神社です。「堀越さんは一生に一度の願いを聞いてくださる神さん」として有名です。

大好きな神社で大阪出張の時はよく参拝させていただいています。ちなみに「一生に一度の願い」はまだ発動せずに今後の人生に残しています。

堀越神社には、「こけざるの梅」というユニークな名前のお守りがあります。その由来は堀越神社のサイトによると以下の通りです。

古来より、中年の梅には「神が宿る」と伝えられ、食すると「中年の梅は薬になる」と、また所持すると、「こけない」「転倒しない」お守りと珍重されました。堀越神社では中年の梅を古来の伝統にのっとり奉製し、こけないお守り、即ち「こけざるの梅」と命名しました。

中に梅が入っているので（見てはいないですが）、膨らんでいるのが特徴です。ネーミングがユニークなのと、実際にも比喩的にもこけたくはないので、ついつい買ってしまいます。今、持っているお守りは四代目くらいです。

②「力」守　毛谷黒龍神社（福井）

毛谷黒龍《けやくろたつ》神社は、福井駅から徒歩15分くらいの場所にある神社です。日本古来の四大明神のひとつとされ地元で「くろたつさん」と呼ばれ親しまれているそうです。私は福井出張があった時は足羽神社とセットで早朝に参拝させていただいています。

そこで売っていたお守りが、白地に金の文字で「力」とだけ書かれたお守りでした。白地に金もいいし、「力」という漢字一字もいさぎよくていい。一目惚れして買ってしまいました。自分に必要な「力」を授けてくれそうです。

③「御神砂守」日御碕神社（島根）

日御碕《ひのみさき》神社は、島根半島西の端の海岸に鎮座する神社です。出雲大社から稲佐が浜を経由して車で20分程度、海岸沿いの道を走っていると、眼下にまるで竜宮城のような鮮やかな社殿が見えてくるので気分がアガります。桃山時代の神社建築として、社殿のすべてが重要文化財に指定されています。

『出雲国風土記』に「美佐伎社《みさきのやしろ》」と記される歴史ある神社で、天照大御神を祀った下の宮「日沈宮《ひしずみのみや》」と素盞嗚尊《すさのおのみこと》を祀った上の宮「神の宮」の2社からなり、両社を総称して「日御碕神社」と呼びます。伊勢神宮が「日ノ本の昼を守る」のに対して、日御碕神社は「日ノ本の夜を守る神社」として、地元民からは「みさきさん」の愛称で親しまれています。

日御碕神社には、「御神砂守《ごしんすなまもり》」と呼ばれる特別なお守りがあり、厄除けのご利益があるということで人気です。本来は地鎮祭用にお清めとして使うお砂でしたが、それによって奇跡体験が起こったと噂になり、お守りとして配布されるようになったといいます。以前は社務所を訪れて「お砂をいくつお譲りくださいい」とお願いしなければならなかったらしいですが、私が訪れた時（2023年秋）には、普通に販売していたので、それは買うの一択でしょうと買わせていただきました。

お守りは、袋の上部がきちんと絞められていなくて、透明の袋にぱんぱんの納められた「お砂」が入っているのが見えます。お守りの中身が見えるのは珍しいですね。

お守り袋は金色でデザインはとても上品ですが、砂がみっしり入っているので普通のお守りに比べてずしりと重いです。

余談ですが、この神社のすぐ先にある日御碕灯台も観光スポットで、ここから見下ろす日本海は怖いくらいの絶海でAwe体験ができます。

④「かなえ守」　椿岸神社（三重）

椿岸《つばききし》神社は、椿大神社（三重）の本殿の東隣に別宮として鎮座しています。椿大神社のご祭神は猿田彦大神ですが、椿岸神社はその妻神・天之鈿女命《あまのうずめのみこと》をご祭神に祀っています。

天之鈿女命は、天照大御神が天岩戸に隠れて世界が暗闇になった時、桶の上で神懸かりになって裸で舞い踊ったことで有名です。天孫降臨《てんそんこうりん》時には、異形の神・猿田彦に対して、一行の男神たちが恐れおののく中、勇敢にも前に出て再びエロティックな踊りを舞いました。その後猿田彦の妻になったと伝わっています。

そこから、芸能・縁結び・夫婦円満などにご利益がある神社として有名で、「かなえ滝」「招福の玉」など、パワースポットと呼ばれる場所が多くテンションがアガるお社です。

椿岸神社で購入できる「かなえ守」は、裏側に小さなポケットがあり、そこに小さな紙が入っているのが特徴です。そこにお願い事と、生年月日、名前を記入していつも持ち歩くと願いが叶うというもの。あとから何を願ったかわかるのがいいですね。

⑤「福蛇の袴」 神龍八大龍王神社（熊本）

2023年秋、熊本県菊池市で講演があり、事前の視察も含め二度訪れる機会がありました。近くにいい神社はないかなと検索して知ったのが「神龍《しんりゅう》八大龍王神社」です。知る人ぞ知る神社らしく、中には「宇宙最強の金運パワースポット」などと紹介しているサイトもあります。そういう系（どういう系？）の神社はあまり得意ではないのですが、菊池市の中心部から車で15分程度ということで、「これは呼ばれてるかも」と参拝させていただきました。

竜門ダムの近くのほとんど車が通らない道沿いに鳥居があり、そこから竹林に囲まれた階段を降りて行った先の川沿いに小さな無人のお社があります。霊感のない私には、宇宙最強かどうかはわかりませんが、川のせせらぎ、こもれび、さわやかな風など、五感を気持ちよくしてくれる要素が揃っています。菊池市に呼んでいただいたお陰でとてもいい参拝ができました。

神龍八大龍王神社のお守り代わりとして人気があるのが「不思議と幸運を招く」とキャッチコピーが書かれた「福蛇《ふくへび》の袴《はかま》」です。龍のウロコに似ているということから、ヘビの抜け殻を使って20年ほど前から作られているとのこと。菊池温泉の入口近くにある「きくち観光物産館」で購入できます（私も当然買いました）。2024年のお正月は辰年ということで「福蛇の袴」が例年の10

倍以上売れたらしいです。

⑥「草」守　彌彦神社摂社草薙神社（新潟）

越後一宮・彌彦神社は地元新潟では「おやひこさま」として親しまれていま す。私も大好きな神社で、参拝すると故郷でもないのに「戻ってきた」という 感じがしてほっとします。鬱蒼とした森に囲まれた広大なお社で、見どころも 多いです。

弥彦山を背に立つ本殿は荘厳で本当に美しいです。ここでは、通常よりも拍手が二回多い、「二礼四拍手一礼」での参拝が流儀です。公式サイトによると「由来はわからないがより丁重に御神前を拝する心を表す作法として、代々の神職等が伝えてきたもの」とのことです。

摂社・末社も多く、境内外を合わせると18社あります。彌彦神社で特徴的なのは、この摂社・末社のうち11社のお守りがあるということです（摂社・末社のお守りがある神社はかなり珍しい）。それぞれ色が違い、その神社の冒頭の漢字が書いてあります。祓戸《はらえど》神社であれば「祓」、勝《かつ》神社であれば「勝」、草薙神社であれば「草」、乙子《おとご》神社であれば「乙」という風に。

デザインもいいし、手触りもいい。私は「草」と「祓」を何度か買っています。「草守り」は萌黄色で、「祓守り」はアイボリー。それぞれ「出世」と「除災招福」のご利益があるそうです。

祓戸神社は道一本挟んだ境外にあり、祓戸四柱「瀬織津比賣神《せおりつひめのかみ》」「速開都比賣神《はやあきつひめのかみ》」「気吹戸主神《いぶきどぬしのかみ》」「速佐須良比賣神《はやさすらひめのかみ》」をお祀りしていて、ここで罪・穢を祓ってから本殿に参拝することが推奨されています。この祓戸神社は雰囲気のある森の中に鎮座していて、本当に清められた気になります。

お守りにはなっていませんが、境外末社である「上諏訪神社」は、彌彦神社と弥彦駅の間の住宅街の中にある穴場的なスポットです。小さく簡素な神社ですが、推定樹齢800年の大けやきを始め、巨木に囲まれていて落ち着くお社です。

時間があれば、神社の登山口を少し歩いたところから出ている、ロープウェイに乗ってみてください。ロープウェイの駅から山道を20分くらい歩いたところが山頂で、彌彦神社の奥宮にあたる御神廟が鎮座しています。標高634メートルで越後平野が一望でき、晴れていれば日本海に浮かぶ佐渡島まで眺めることができます。

神社の近くには弥彦温泉や岩室温泉などの温泉郷があります。どの温泉も素晴らしいので参拝と合わせて行くのもいいですね。私は余裕がある時は、新潟や燕三条などで仕事があった後、どちらかの温泉に泊まって、翌朝に彌彦神社にお参りします。弥彦温泉なら徒歩ですぐ行けますし、岩室温泉は歩くには遠いですが、神社まで送ってくれる旅館が多いと思います。

余談ですが、岩室温泉街のはずれにある「多宝温泉だいろの湯」は、天然温泉100パーセント源泉かけ流しで、しかも種類の違う3本の源泉（色が違う！）が楽しめるという、かなりレアな日帰り温浴施設で超オススメです。

私は以前新潟のローカルアイドルNegiccoのマーケティング本を出版した関係で、頻繁に新潟に行っていました。しかしコロナ禍以降、途絶えてしまっています。この原稿を書いていて、また新潟や彌彦神社にとても行きたくなってしまいました。

第4章

「運のいい人」はどう神社を楽しむのか

運がよくなる神社と避けた方がいい神社

本章では「運がよくなる神社の楽しみ方」をより詳しく語っていこうと思います。

まずはどんな神社に参拝すれば「運がよくなるか」ということです。

もちろん決まりはありません。ただ第1章で述べた「神社に参拝すると運がよくなる8つの理由」という観点から考えると、参拝するあなた自身が「その空間を気持ちいい」と感じることが一番重要だと考えます。逆に有名なインフルエンサーが「あの神社はパワースポットだから絶対にお参りした方がいい」と言ったとしても、そこがあなたにとって気持ちのいい場所でなければ、そこはあなたにとってのパワースポットではありません。

神社が重要なのでなく、重要なのはあなた自身です。自分が気持ちいいと感じて初めて「運」がよくなると考えます。あなたが神社よりお寺の方が気持ちよく感じるならば、神社でなくお寺を参拝すればいいでしょう。

私自身も自分が気持ちいいと思う神社だけを参拝するのを基本にしています。

しかしそうは言っても、たとえば知らない土地で知らない神社に入ってから「ここはあまり心地いい空間ではないかも」と思うこともよくあります。そんな時はそのまま出て行ってもいいと思いますが、私の場合は、二礼二拍手一礼をして「参拝させていただきありがとうございます」と感謝だけ述べて、名前も言わずに帰ります。「それってその神社の神様に失礼だ」と言われそうですが、人と人に相性があるように、人と神社にも相性があると思うのでお許しくださいという感じです。

この話をすると、本書の編集者が「パーティでの名刺交換みたいですね。あんまりお近づきになりたいと思わない人には『何かあったらよろしくお願いします』とだけ言って名刺を渡さないみたいな」とたとえました。まさにそんな感じです。

ただ一般論として、ちゃんとした神社は、掃除も行き届いてるし綺麗で気持ちのいい空間のことが多いです。多くの参拝客を集めている有名神社に早朝に行ったら、みんなもう落ち葉などの掃除で大変です。でもそうやってきれいに保たれた空間は気持ちいい。

結論としては、あなたが参拝して「気持ちいい」「心地いい」と感じる神社は「運がよくなる神社」であり、あなたが「お近づきになりたくない」と感じる神社は「避けた方がいい神社」だといえます。

私自身も「運がよさそうな神社」とはできるだけお近づきになるように何度も通いますし、そうじゃないかなという神社に対しては距離を置くというスタンスです。

神社に依存しない、神様にすがらない

私にとって神社は「運をよくしてくれる存在」です。しかし中には神社に参拝することによって逆に「運を悪くしている人」が結構いるような気がします。余計なお世話だといわれそうですが、その特徴をあげておきましょう。

一番「運」を下げるのは、神社や神様に依存することです。

言いにくいですが、どんな神社やどんなパワースポットに通ったところで、

本人が努力しなければ「願い」が叶うことはまずありません。しかし神社に依存したり、神様にすがっている人は、「願い」が叶わないと参拝が足りないと思ったり、より強力なパワースポットを求めたりしがちです。

それで運がよくなるとは到底思えません。

もし、神社に本当に神様がいたとして、あなたが神様になったとして想像してみてください。何の努力もせずに「○○が叶うようお願いします」「お金持ちにしてください」「素敵なパートナーを出現させてください」「病気を治してください」とすがってくる人の願いを優先して叶えたいと思うでしょうか？やはりその実現のために何かしらの努力をしている人を優先したいと思うのではないでしょうか？

英語で「天は自ら助くる者を助く」という格言がありますが、自分の努力なしに「神社に依存する」「神様にすがる」という行為は、運を下げるだけです。

結果は気にしない、ただ楽しむ

厳しいことを書きましたが、神社に参拝することで何かの「ご利益」があったらいいなと思うのも、また人の性《さが》です。

私自身も、たとえば神社の本で「〇〇神社はすごい。お参りしてすぐに大きな仕事の依頼の電話がかかってきました」などと書かれていると、ついつい少し期待してその神社に参拝するのも事実です。

しかしそんな都合よくいい知らせが来ることは滅多にありません。あったとしてもそれは偶然だと考えておいた方がいいでしょう。なぜなら人は、一度そういうことがあると、次もまた参拝したらいいことがあるかもと期待してしまうからです。そこで期待通りにならなければ、参拝の仕方が悪いのではないか回数が足りないのではないかと、その神社に依存してしまいがちです。

直接のご利益がないからといって、がっかりする必要はありません。神社にお参りする習慣をつけることで「運のいい人」になり、自身が適切な努力を続けていると、結果は自然についてくるからです。逆に結果に執着しすぎると

「運の悪い人」になってしまいます。

結局「ご利益などの結果は気にせず、神社参拝をただ楽しむ」ことが「運のいい人が神社でやっていること」なのです。

スピリチュアルを商売にする人には近づかない

神社に依存しないためには、スピリチュアル系の神社インフルエンサーのような人にはあまり近づかない方がいいでしょう。

神社の由来や神道の知識をきちんと伝えてくれる人ならいいのですが、中には「龍が見える」「龍と交信できる」「自分は龍が使える」などと言って、特別な参拝方法などを推奨する人もいます（最近、スピリチュアル界隈での流行りは「龍」らしいので例に出しています。特定の人物を指しているわけではありません）。

当たり前ですが「龍」は想像上の生き物です。それが本当に見えているのであれば幻覚である可能性が高く、治療を受けた方がいいかもと心配してしまいます（余計なお世話ですが）。

不安な時代に何かにすがりたい気持ちはわかります。「こうすれば幸せになる」「こうすればうまくいく」と語りかけて高額なセミナーやイベントに誘導する人を信奉することは「依存」を高めるだけです。できるだけ距離を置くことをオススメします。


実際、神社側では、特別な方法で参拝する人に苦慮しているようです。

田無神社（東京）は、西武新宿線「田無駅」から徒歩10分程度の場所に鎮座しています。創建は鎌倉時代といわれ、歴史ある本殿と拝殿は、東京都の「指定有形文化財」となっています。こちらの神社は級津彦命《しなつひこのみこと》・級戸辺命《しなとべのみこと》という風を操る神様を主祭神にしていることから、境内は「龍」であふれていて、「五龍神」といわれる5つの龍神参りができる神社として有名です。辰年の2024年は特に注目されました。

しかしそんな田無神社は、公式サイトで以下のように呼び掛けています。

田無神社は龍神（級津彦命・級戸辺命）をご祭神としていることから、スピリチュアルなスポットとして紹介されることが多く、神道の信仰を超えた、神秘的な思想をお持ちの方々が、神社神道と異なる様々な解釈をされているようです。田無神社は神社神道の信仰・価値観に基づいて祭儀を行っておりますので、以下の例のような信仰、価値観等については解りません。

（例）神社の信仰に属性や相性があるという考え
　神様が参拝者に降臨する、憑依するという考え
　特殊な参拝方法を行うとご利益があるという考え
　龍が人につくという考え
　除霊や降霊（口寄せ）、霊媒、浄化、ヒーリング行為等を境内で行うことはご遠慮ください。

（田無神社公式サイトより）

田無神社は見どころが多く好きな神社なので、このような形で利用されるのは残念です。

初詣は行かない

普段はまったく神社やお寺に行かなくても、初詣にだけは参拝するという方も多いかもしれません。

ではどんな寺社が、初詣で人気があるのでしょう。初詣の参拝者数は2009年までは警察庁により公式に集計が行われていました。しかし現在は行われていないので、最近の正確なランキングはわかりません。当時は以下のような神社やお寺が全国参拝者数ランキングベスト10の常連でした。

明治神宮（東京）、成田山新勝寺（千葉）、川崎大師（神奈川）、伏見稲荷大社（京都）、鶴岡八幡宮（神奈川）、浅草寺（東京）、熱田神宮（愛知）、住吉大社（大阪）、太宰府天満宮（福岡）、大宮氷川神社（埼玉）

また、全国的にはそこまで有名でなくても、地域ごとに初詣人気の高い神社も数多く存在します。たとえば以下のような神社は初詣人気が高いです。本書では個別に紹介できませんでしたが、素晴らしい神社が多いので、ぜひ、初詣以外の時にゆっくり参拝して楽しんでみてください。

北海道神宮（北海道）、函館八幡宮（北海道）、善知鳥《うとう》神社（青森）、太平山三吉神社（秋田）、盛岡八幡宮（岩手）、山形県護国神社（山形）、竹駒神社（宮城）、大崎八幡宮（宮城）、開成山大神宮（福島）、笠間稲荷神社（茨城）、稲毛浅間神社（千葉）、大國魂《おおくにたま》神社（東京）、湯島天満宮（東京）、鷲宮神社（埼玉）、調《つき》神社（埼玉）、伊勢《いせ》山皇大神宮《やまこうたいじんぐう》（神奈川）、武田神社（山梨）、白山神社（新潟）、四柱《よはしら》神社（長野）、尾山神社（石川）、津島神社（愛知）、伊奈波《いなば》神社（岐阜）、多賀大社（滋賀）、平安神宮（京都）、大鳥大社（大阪）、杭全《くまた》神社（大阪）、廣田神社（兵庫）、日前《ひのくま》神宮・國懸《くにかかす》神宮（和歌山）、広島護國神社（広島）、防府《ほうふ》天満宮（山口）、大麻比古《おおあさひこ》神社（徳島）、田村神社（香川）、伊豫豆比古命《いよづひこのみこと》神社（愛媛）、土佐神社（高知）、筥崎宮《こさきぐう》（福岡）、佐嘉神社（佐賀）、祐徳稲荷神社（佐賀）、諏訪神社（長崎）、加藤神社（熊本）、照國《てるくに》神社（鹿児島）など

ちなみに私は神社好きになってから「初詣」には行かなくなりました。理由はシンプルです。混んでいるので、いつものように神社を楽しめないからです。わざわざ混んでいるお正月に行く意味も感じません。例年、初詣客が落ち着く1月7日以降から「神活（神社参拝活動）」を開始します。

もちろん、お正月だからケジメとして初詣に行きたいという方を否定しているわけではありません。神社も最大の稼ぎ時なので来てもらわないと困ると思いますし。

ただ調べてみると、この初詣という風習は明治時代に鉄道会社のマーケティング戦略によって生まれたことがわかりました。余談になりますが、雑談のネ

タになるようなエピソードなので紹介しますね。

そもそも江戸時代まで日本には「初詣」という風習や言葉はなく、お正月は家にこもって神様を迎えるのが基本でした（門松やしめ縄などはそのためのもの）。それが証拠に俳句で「初詣」という季語が使われるのは、大正時代になってからだといいます。

明治時代、日本では鉄道が急速に普及していました。それにより、それまで滅多に行けない寺社にも手軽に行けるようになったのです。

たとえば初詣ランキングでかならず上位に入る川崎大師（金剛山金乗院平間《へいけん》寺《じ》）もそうです。明治5年に新橋・横浜間に鉄道が敷かれたのち、東京からの参拝客が一気に増えました。大勢の参拝客は川崎駅で降りて徒歩で1時間くらいかけてお参りしていたのです。そこで、川崎と川崎大師をむすぶ鉄道をつくれば利用客が見込めるのではと、明治32年に大師電気鉄道という関東で最初（日本で3番目）の「電車」を走らせる鉄道会社が設立されました。これがのちの京急（京浜急行電鉄）の始まりです。現在、大師線はローカルな支線扱いですが、京急発祥の路線なのです。

初物の電車に乗りたいのと、今まで東京からは遠くて行けなかった有名な川崎大師に参拝できるということで多くの人が押し寄せました。鉄道会社はさらに寺社参拝のお客さんを集めようと、さまざまな広告を打つようになります。

当初は、当時流行っていた「恵方詣」を推していました。しかし恵方は毎年変わるので、東京から見て恵方でない時はアピールできません。そこで「恵方詣」という言葉から「初詣」という造語をつくり、年始の参拝をプロモーションしたところ急速に普及していったといいます。同じ頃に、成田鉄道も「成田山初詣」という新聞広告をつくり、恵方に関係なくお正月の成田山新勝寺参拝をPRしました。

こうして次第に「恵方詣」はすたれ、「初詣」という言葉が全国的に普及したのです。今も全国的に初詣参拝で人気の「熱田神宮」「伏見稲荷大社」「住吉大社」は複数の鉄道会社沿線にあり、初詣客獲得のための広告合戦を各社が繰り広げたことも、参拝者が多い要因のひとつだといわれています。

「アトラクションは心底楽しむ」の法則

「運がよくなる神社の楽しみ方」は、第1章～第3章でもいろいろ語ってきました。ここからはさらにマニアックな楽しみ方を紹介していきましょう。

神社には、何らかのアトラクション（という表現は正しくないかもですが）があるところも多いです。これらはできるだけ参加して心底楽しむことが、「運のいい人」になる秘訣だと考えます。理由は単純。楽しくて、気分がアガるからです。

以下に私が体験した中で、特にオススメのアトラクションをいくつか紹介します。

①鵜戸神宮「運玉投げ」

宮崎県日南市にある鵜戸神宮には「運玉投げ」と呼ばれる楽しいアトラクショ

ンがあります。

鵜戸神宮は宮崎空港から車で約1時間、日向灘の海に面した断崖中腹の洞窟内に本殿があり、参拝するには崖沿いの石段を降りる必要があります。全国のほとんどの神社は本殿が高い場所にあり、参拝時は上っていきますが、鵜戸神宮は全国でも珍しい下り宮です。

本殿前の広場には眼下に雄大な海原が広がっていて、その前にさまざまな形をした大きな岩がそそりたっています。その中でも一番目立つのが亀の形に似た「亀石」です。頭から尻尾まで約8メートル、その背中には60センチ角の枡形のくぼみがあります。その亀石に「運玉」（丸くこねた粘土に運の文字を押して軽く焼いたもの）を投げ入れ、枡形のくぼみに入れば願いが叶えられるというものです。亀石に当たるだけでもよしとされています。

運玉の初穂料は5個で200円。男性は左手、女性は右手で投げるのですが、枡形のくぼみに入れるのは意外と難しい。亀石までの距離は12メートルとのことですが、運玉は小さく、軽く海風もあるのでなかなかコントロールができません。利き手でない左手だとなおさらです。私が試した時も、４個目まではまったくかすりもしませんでした。しかしラストの１球、亀の甲の部分に当たった運玉は、大きく跳ねて枡形のくぼみの水たまりに見事に入ったのです。自分でも驚きましたが、ちょうど投げ終わってその場にいた数名の方から「おー！」という歓声とともに拍手をもらいました。もちろん入らなくても、参加して楽しめば「運」はよくなるはずです。

鵜戸神宮のサイトによると、この運玉は昭和29年に誕生したそうです。それまでは亀石にお賽銭を投げ入れる風習がありましたが、月曜の早朝こぼれた賽銭を近くの小学生たちが拾いにきて学校に遅刻するということが頻繁にあったといいます。危ないし教育上もよくない。そこで当時の宮司と学校関係者が智恵を出し合って今の「運玉」を考案しました。

子どもたちが粘土で運玉を作り、鵜戸神宮に納める。その代わり鵜戸神宮は、子どものための学費や、修学旅行の費用等に充てるための補助をするというものです。神社、小学校、参拝者の三方よしの見事なアイデアですね。

②住吉大社「五大力の石探し」

大阪市住吉区にある住吉大社は、日本全国に約2300社ある住吉神社の総本宮で、商都・大阪を代表する神社です。私自身のお宮参りや七五三は住吉大社に参拝したそうです（写真で見ただけで記憶にはありませんが）。

いろいろと楽しめるスポットが多いのが特徴の神社ですが、ここでは「五大力の石探し」を紹介しましょう。

第一本宮に向かって右側に、住吉大神を最初にお祀りされた場所と伝えられる、「五所御前」という神聖な場所があります。その石玉垣の中には小石が敷き詰められていて、「五」「大」「力」と一文字ずつ書かれた石が混じっています。この3つの石を探して、社務所で販売されている小さな巾着に入れてお守りにすると「五大力」（体力・智力・財力・福力・寿力）が授かり心願成就が叶うというものです。

玉垣の中には入れず、手で届く範囲の石から探す必要があります。すぐに見つかる人もいれば、なかなか見つけられない人もいます。同じ文字は見つかるけど、3つなかなか揃わないということも多い。願いが叶うと、お礼に近所で拾った小石に自分で「五」「大」「力」と書いて、拾った石とともに倍返しにして元の場所へ戻すという素敵なシステムがあるので、みんなが拾っていっても「五」「大」「力」と書かれた小石はなくならないそうです。

私は「五大力」（体力・智力・財力・福力・寿力）がどれも心から欲しい力なこともあり、何度も挑戦しています。タイムを計った訳ではないですが、結構早く見つけられることが多いです。今持っている五大力のお守りは、五代目くらいです。もちろん新しく石を探す時は、その前に倍返しさせていただいています。

こちらのお守りは、多くの人が書いた「五」「大」「力」の小石が循環していくというシステムに思いをはせて楽しみましょう。

③八重垣神社「鏡の池の縁占い」

松江市の中心部から車で十数分程度。素盞嗚尊《すさのおのみこと》と櫛稲田《くしいなだ》姫命《ひめのみこと》の夫婦がご祭神の八重垣神社（島根）では、「鏡の池の縁占い」というアトラクションが楽しめます。

社務所で占い用紙をもらったら、境内奥地にある佐久佐女《さくさめ》の森に向かいます。ここは、古事記などで素盞嗚尊が八岐大蛇《やまたのおろち》を退治する時、「八重垣」を造り、櫛稲田姫命を隠した場所として伝わっています。作家の小泉八雲（ラフカディオ・ハーン）も訪れて「神秘の森」と称しました。

鬱蒼とした樹々に囲まれた道を歩くこと数分で鏡の池へ到着します。隠された櫛稲田姫命が鏡代わりに自分の顔を池に映していたことから、「鏡の池」と呼ばれるようになりました。池に占い用紙を浮かべ、硬貨（10円または100円）をそっと乗せます。

水に浮かべると紙に文字が浮かび上がってきます。それはその人に必要な助言です。

早く沈めば（15分以内）縁が早く、遅く沈む（30分以上）と縁が遅く、近くで沈むと身近な人、遠くで沈むと遠方の人とご縁があると伝えられています。

私がやった時は、二十数分で沈み、場所も近くもなく遠くもなくという微妙な感じでした。

沈むのをただじっと待っているだけなので、時間が長く感じますが、その分十分に森林浴が堪能できます。

④白龍神社「重軽石」

名古屋駅から徒歩15分くらいの場所にある白龍神社は、小さなお社ですが「白龍さん」と呼ばれ地元では知る人ぞ知るパワースポットです。私は５〜６年前にたまたま知って参拝して気にいったので、それ以降、名古屋出張の時には近くのホテルに泊まって早朝参拝することにしています。

本殿の横、ご神木のイチョウの木の奥には奥宮があります。ここはちょっと雰囲気が変わります。鈍感な私でも何か妖しい「気」を感じもします。龍が彫られたかっこいい小さな石鳥居の左右に、蛇の形をした「重軽石《おもかるいし》」が置かれています。

どちらかピンと来た方の石を、最初は何も考えない状態で持ち上げます。次に、願い事を思いながら持ち上げてみましょう。それで軽く感じた場合は願いが叶いやすく、重く感じた場合は叶いにくいことを示しているといいます。

無料のアトラクションなので訪れたらぜひ試してください。

この「重軽石」は、全国の神社でよく見かけますが、白龍神社のものは割と持ちやすい重さの石なのでオススメです。

⑤綱敷天満宮「思うつぼ」

地元では須磨の天神さんと親しまれているという綱敷天満宮（兵庫）は、もともと菅原道真公が太宰府に渡る途中、海が荒れ船を須磨の浦に停め、上陸した場所でした。その際、地元の漁師たちが網を渦巻状にして大綱の円座を作り、道真公に休息をとっていただいたことが、のちに神社が建立された時の名前の由来になっています。

境内にいろいろな縁起物やアトラクションがあるおもしろい神社です。中でもユニークなのは、回して願う「思うつぼ」というアトラクション&お守りでしょう。

社務所で買った「願い玉」を、境内の各所に点在する「つぼ」の上にあるらせん状の入口に玉を乗せると、玉はぐるぐるとまわってつぼの中に入り、下から出てきます。

それを専用の袋に保管してお守りとして持っておくと願いが叶うということです。ちなみに「つぼ」が置かれているのは、以下の5カ所でご利益は以下の通り。

・菅公母子像　愛／家内円満、縁結び。母の愛を授かることができます。
・茄子の腰掛け　成／大願成就。目標を成すことができます。
・綱敷の円座　座／精神統一。道真公のご加護で心身を清めることができます。
・波乗り祈願像　波／波乗り祈願。時勢の波に乗り、夢が叶います。

・筆塚　学／学業向上、合格祈願。道真公にあやかり、文章力・筆力が上達するなど、学業が向上します。

玉がぐるぐると回ってつぼに入って出てくるのは、単純ですがおもしろく、私はすべてのつぼでお願いしました。欲張りすぎですね。

ちなみに、この神社から徒歩10分くらいのところにある、源平合戦一の谷の戦いの舞台になった須磨寺も見どころが多いお寺です。参道にある老舗「志らはま鮨」でいただける穴子鮨は絶品です。

⑥小野照崎神社「お山開き」

東京の下町・入谷の近くにある小野照崎神社は、平安時代に活躍した小野《おのの》篁《たかむら》をご祭神にする神社です。

決して大きな神社ではありませんが、関東大震災や東京大空襲の被害を免れた江戸末期建造の本殿をはじめ、末社も数多くあり見どころの多い神社です。

天明2年(1782)に境内に築山された、国の重要有形民俗文化財にも指定されている富士塚「下谷《したや》坂本富士」があることが大きな特徴です。

富士塚とは簡単にいうとミニチュアの富士山のことです。江戸時代に富士山信仰が高まりました。しかし実際の富士山は簡単に登れる山ではなかったため、富士山に模して造営された人工の塚を作って、それに登ることでご利益を得ようとしたのです。

しかもただ近くの土や石だけで作ったのではなく、実際の富士山の溶岩を運んで表面を覆っていることも特徴です。江戸時代、当然ながらトラックなどはありません。しかも公共事業ではなく、町民たちが勝手に作ったものです。

関東を中心に今でも残っていて登れる富士塚はいくつもあります。その多くは神社の境内や隣接した場所にあることがほとんどです。

私は富士塚が大の好物で、東京都心にありいつでも登れる鳩森八幡神社・品川神社・成子天神社・護国寺などの富士塚にはたびたび登っています(富士塚についての詳しい解説は次項で)。

この「下谷坂本富士」がレアなのは、境内に鎮座する浅間神社の例祭日にあわせて毎年6月30日と7月1日の2日だけしか登頂できないことです。そんなこともあり、なかなか登頂する機会に恵まれなかったのですが、2023年6月30日朝10時からの「お山開き」のイベントに伺い、初めて「下谷坂本富士」に登頂することができました。

前日夜、遅い時間まで東京で仕事があったので、近くのホテルに泊まり、朝10時前に伺いました。雨にもかかわらず想像以上の多くの人が集まっていて驚きました。神職と氏子関係者による開山式などがあり、一般参拝者が登れるのは11時からです。さらに順番待ちで、実際に登頂できたのはかなり後になってからでしたが、高さ約6メートルの山頂から見る景色は格別でした。ただし雨の日は特に滑りやすいので注意が必要です。

ちなみにこの小野照崎神社のご祭神である小野篁公は平安初期に実在した人物ですが、なかなかユニークでサイトでは以下のように紹介されています。

平安初期に実在した政治家・公卿であり、平安時代を代表するマルチアーティストです。『小倉百人一首』には参議篁として収録され、漢詩が全盛の時代に高い和歌の腕前を誇り、漢詩も「日本の白楽天」と呼ばれるほどの腕前で、その文才は天下無双。狩野氏をして「博学広才にして人の及ぶところではない。その絵は神に至る」と言わしめた不羈の才人。一方で身長は188cmと巨躯で武芸にも秀でていたそうです。法律にも精通し、参議という国の要職も務めた優れた政務能力を乞われ、夜は閻魔様の副官として働いたという逸話が多くの書に記されています。まさに人間の限界を超えた多動の神であり、学問・芸術・芸能と、仕事と広く信仰のある神様です。

（小野照崎神社の公式サイトより）

このことから学問と芸能にご利益があり、無名だった渥美清が「大好きな煙草を断つから仕事に恵まれますように」と願掛けをしたところ、映画『男はつらいよ』シリーズの主役に抜擢され国民的俳優になったというエピソードで知られています。

気軽に富士登山ができる富士塚

小野照崎神社の下谷坂本富士の話をしましたが、他にも東京都内だけでも50あまりの富士塚が残っています。大半が神社の境内にあり、江戸時代から大正時代にかけて築山されたものです。

ここでは都心にあり、比較的気軽に登れる富士塚をご紹介しましょう。いずれも好きな神社の境内にあります。

①千駄ヶ谷富士（鳩森八幡神社境内）

ＪＲ千駄ヶ谷駅から徒歩5分程度の場所にある鳩森八幡神社境内に鎮座しています。寛政元年（１７８９）に築山された現存する都内最古の富士塚で、都指定有形民俗文化財に指定されています。いつでも誰でも登れる富士塚で、初心者にはオススメです。私が最初に富士塚の存在を知ったのもここでした。

登山口の入口には鳥居と富士塚の案内板があり、かなりデフォルメされ険しく描かれた登山道の図に気分がアガります。鳥居をくぐると池がありますが、これは富士五湖を見立てたものです。最初はゆるやかな階段があり四合目付近の平地に浅間神社の里宮があります。ここからは急勾配になり「烏帽子岩」「食行《じきぎょう》身禄《みろく》像」「小御嶽石尊大権現《こみたけせきそんだいごんげん》」など実際の富士山にもあり、登山者が手を合わせて拝む場所が再現されています。

頂上は標高6メートルと3階建ての屋上くらいですが、想像するよりはるかに見晴らしがいいです。富士山頂の「富士山本宮浅間大社」の奥宮を再現したお札があります。昔はここから本物の富士山も見えたはず。登山記念の御朱印もいただけます。

鳩森八幡神社は平安時代の860年に創建された由緒ある神社です。近くには日本将棋会館があり、境内には大駒を納める六角堂が建立されていることから「将棋の聖地」とも呼ばれています。1996年3月に羽生善治七冠（当時）

が女優の畠田理恵さんと挙式したことでも知られています。

大昔この場所で、青空から降りてきた雲の中からたくさんの白い鳩が西に向かって飛び去っていったことから「鳩森」と名付けられたといいます。紙が鳩の形になっている「鳩みくじ」もかわいいのでぜひ。

②品川富士（品川神社境内）

品川富士は明治2年に築山され大正11年に第一京浜建設の時、現在の地に移転されたものです。

京急線の新馬場《しんばんば》駅から徒歩で数分歩くと、第一京浜沿いにある品川神社の大きな鳥居が見えてきます。この石鳥居は左の柱に昇り龍、右の柱に降り龍が彫刻されている「双龍鳥居」です。杉並区の「宿鳳山高円寺境内稲荷社」と「馬橋稲荷神社」（阿佐ヶ谷）にある「双龍鳥居」と並んで、「東京三鳥居」と称されています。

鳥居をくぐるとすぐに計53段の急な階段があり、品川富士はその中腹あたりが入口になっています。階段を登り切った境内には富士信仰に欠かせない「浅間神社」もあり、ここで参拝を済ませてからその脇にある登山道から山頂を目指すというルートもあります。こちらからだと5合目からの登山になります（途中の階段からだと1合目から登れる）。

途中から斜度が急になります。道幅も狭く、人がすれ違えるスペースはありません。富士塚は階段の斜面を合わせると高さ約16メートル。都内最大級です。山頂は平地になっていてじっくり景色を眺めることができます。高架を走る京急線の電車もはるか眼下に見下ろせる絶景です。

③成子富士（成子天神社境内）

新宿西口の高層ビル群のすぐ近くにも富士塚はあります。青梅街道から少し入ったところに鎮座している成子天神社。菅原道真公を祀る平安時代からある古社ですが、社殿等は2013年、敷地内のマンション建設を含む再開発で建て直したばかりで、開放的で明るい神社になっています。

そのまた奥を進んで行くと成子富士が見えてきます。大正9年（1920）に境内にあった天神山をベースに築山されたもので、高さ約12メートル、新宿区の登録文化財になっています。。登山口の前には、浅間神社里宮があり、前に木花咲耶姫命《このはなさくやひめのみこと》の石像が置かれています。かつて頂上に立っていたものですが、2011年に発生した東日本大震災で北側斜面に落下したことから（奇跡的に無傷）、浅間社前に立て直されたとのことです。

山頂に登っても、まわりをより背の高いマンションに囲まれていて、少し不思議な風景が味わえます。

高低差のある神社は「アガる」の法則

富士塚もそうですが、どうも私は高低差のある場所を見ると（そして実際に上がると）気分がアガるようです。

神社は、高低差のある場所の上に造られているものが多いです。高い場所で気分がアガるのは、昔から日本人（人類？）共通の気質なのかもしれません。

ここでは、東京都内を中心に、私がお気に入りの高低差がある場所に立てられている神社を紹介していきましょう。

①愛宕神社（東京）

東京都内で高低差にアガる神社といえば、真っ先に名前が上がるのは虎ノ門ヒルズ近くの愛宕山に鎮座する愛宕神社でしょう。私も近くを通るとよく参拝させていただいています。

愛宕山は古くは桜田山と呼ばれていましたが、徳川家康が火伏《ひぶせ》神様として愛宕神社を勧請《かんじょう》したことからその名がつきました。標高26メートルは、天然の山としては23区内最高峰だといわれています。

鳥居の先には、高低差約20メートル、段数86段、傾斜角37度の階段が途中踊り場もなく壁のようにそそり立っています。こちらは別名「出世の石段」と呼ばれています。その由来は以下の通り。

江戸幕府三代将軍・徳川家光が芝増上寺参拝の帰りに愛宕山の前を通った時、

山頂の紅白の梅を見て「土産にしたい。誰か馬で石段を乗り上がって手折って参れ」と命じたが、命を惜しんで挑戦する者がいません。そんな時、名乗り出たのが讃岐高松藩の丸亀城主生駒高俊に仕える曲垣平九郎《まがきへいくろう》。一気に石段を登って紅梅、白梅を一枝ずつ取り、また戻って家光に差し出しました。家光は「日本一の馬術の名人だ」と誉め、名刀一振を与えたといいます。

この話、講談で有名ですが「実話かどうか？」や「その後、曲垣平九郎は本当に出世したか？」などはわかっていません。私ならばどんなに出世しようが、そんな無謀なことはしたくありませんが。

歩いて登る時も、登りはまだ手すりや鎖を持って登れば大丈夫ですが、下りは怖くて降りられません。階段（男坂）以外に、傾斜のゆるい女坂や車も通れる裏の坂もあるので、下りはそちらを選択するのが無難です。

階段を登り切るとすぐに愛宕神社があります。ここから見る景色は、江戸時代は江戸一の眺望といわれたように、遠く房総半島まで見渡せたそうです。現在は高層ビルに囲まれて見える範囲は限られています。

境内はそこまで広いわけではありませんが、いくつかの摂社・末社があり、春は桜が秋は紅葉といった、季節ごとの変化が楽しめます。境内のはずれには、曲垣平九郎と馬の顔はめパネルがあります。

②日枝神社（東京）

千代田区永田町の高台（山王台地）に鎮座する、東京を代表する神社のひとつ。江戸時代は山王大権現と呼ばれ江戸城の鎮守神とされてました。首相官邸や議員会館がすぐ近くにあり、日本の中枢を見下ろす神社ともいえます。この台地はかつて夜に星がよく見えたことから「星が岡」とも呼ばれていました。

高低差を楽しめる階段は主に3ルートあります。国会議事堂側の「山王男坂」と呼ばれる53段の石段が表参道です。横には「山王女坂」と呼ばれる車が通れる坂道もあります。

しかし、多くの人は、表からではなく赤坂側の「山王橋参道」から登ります。入口は外堀通り沿いにある大鳥居が目印です。鳥居の上部に三角形の破風《はふ》（屋根）が乗った「山王鳥居」と呼ばれる特徴的なものです。こちらの階段はとても広く、傾斜はゆるやかですが、130段以上あり何とエスカレーターまで設置されています。

もうひとつのルートは赤坂見附駅に近い「稲荷参道」です。こちらは人がすれ違うのがやっとな細い石段です。「千本鳥居」が連なるフォトジェニックな場所で、必ずといっていいほど外国人観光客たちが撮影会を実施しています。私は「山王橋参道」から登って、「稲荷参道」から降りることが多いです。

日枝神社の社殿の両脇には狛犬ではなく、布をまとった「狛猿」の石像が置かれています。向かって左に赤ちゃんを抱いた母親猿、右は烏帽子を被った父親猿。どちらも「神猿《まさる》」とよばれる神の使いで、「まさる」という音から「魔が去る」「勝る」に通じ、「猿」が「えん」と読めることから「良い縁」にあやかれるとして敬われています。

③市ヶ谷亀岡八幡宮（東京）

ＪＲ市ヶ谷駅から徒歩数分、靖国通りから少し入った高台に鎮座しています。一直線の結構急な階段（63段）を登ります。途中、20段くらい上がったところに摂社の茶ノ木稲荷神社もありますが、高低差を楽しむためにはまずは一気に登りましょう。

境内は静かでほっとできる空間です。ペットのご祈祷もできるそうです。私は近くにある出版社に行く時などに参拝させていただいています。帰りは横の坂道から降り、茶ノ木稲荷神社に参拝します。弘法大師・空海が開山したといわれる歴史ある神社で、眼病平癒のご利益があるそうです。

④須賀神社（東京）

四谷の高台にある須賀神社は、大ヒットを記録したアニメ映画「君の名は。」のラストシーンに出てくる赤い手すりのある階段が有名です。

新宿通りから入っていくと、東福院《とうふくいん》坂でぐっと下った谷の先に急に上がる階段が見え、高低差好きには「きゅん」となる光景です。坂名の由来は、途中にある東福院に因んでいます。

江戸時代までは須賀神社は、四谷牛頭天王社《ごずてんのうやしろ》と呼ばれていました。牛頭天王とは、神仏習合の神で釈迦の生誕地に因む祇園精舎の守護神とされています。もともと牛頭天王を祀っていた神社としては、京都・祇園にある八坂神社、愛知県津島市にある津島神社などが有名です。

⑤多摩川浅間神社（東京）
東急・多摩川駅から多摩川に向かってしばらく歩くと、急な階段が見えます。その階段の上に鎮座しているのが多摩川浅間神社です。

多摩川沿いに伸びる丘陵地の南端にあり、神社以外の場所は多摩川台公園として整備されています。もともとは11もの古墳が連なっていた場所で、多摩川浅間神社は鎌倉時代に亀甲山《かめのこやま》古墳の上に建立されました。

富士山に縁が深い浅間神社だけあって、社殿までの階段には多数の溶岩が置かれ、富士塚のように富士登山を模した構造になっています。社殿は都内唯一の浅間造。社殿の上にさらに別の社殿が載った二階建ての建築様式で、全国1300社以上ある浅間神社の中で、富士山本宮浅間大社、静岡浅間神社など4社しかないといわれる貴重なものです。

神社の境内には見晴らし台が設置されていて、眼下に多摩川を一望でき、対岸にある武蔵小杉のタワーマンション群がパノラマのようです。冬場など空気が澄んでいると富士山もくっきり見えます。

余談ですが、映画『シン・ゴジラ』では、ここに「タバ戦闘団前方指揮所」が設置されたという設定になっています。ゴジラを食い止めることはできませんでしたが、神社は破壊されることはありませんでした。

ここからは東京都内以外で、私が好きな高低差のある神社をご紹介していきましょう。

⑥鹽竈神社（宮城）

宮城県塩釜市の高台に鎮座する陸奥国一之宮「鹽竈神社」の表参道にあたる

男坂は、急勾配の石段が202段続きます。下りは降りるのが怖いので、なだらかな坂を下りていく裏参道からが無難です。

主祭神は塩爺こと塩土老翁神《しおつちのおじ》です。好きな神社のひとつなので、仙台出張で時間に余裕がある時は参拝させていただいています。明治時代に遷座した「志《し》波彦《わひこ》神社」が境内に並んでいます。

⑦亀岡八幡宮（宮城）

仙台にある亀岡八幡宮も高低差が大きい神社です。仙台出張で駅近くのホテルに泊まると、翌早朝に神社散歩をすることがあります。

まず参拝するのが大崎八幡宮。仙台藩主伊達家ゆかりの社で、国宝の本殿など見どころが多い気のいい神社です。元気がある時は、そこから広瀬川の方に足を延ばして寄るのが亀岡八幡宮です。ここの石段も結構長いなと思っていましたが、調べてみると335段で仙台市内の石段では一番長いのだそう。もともとは年間日数の365日から由来したもので、現在は削られてこの段数になったとか。江戸時代に造られたという石段は均一ではないので登りにくいですが、登り切ると達成感はあります。

⑧阿智神社（岡山）

岡山県倉敷市にある阿智神社は、人気観光スポットである美観地区に隣接する鶴形山《つるがたやま》に鎮座しています。美観地区からの東参道はまず88段ある「米寿坂」という階段を登ります。次に現れるのが61段ある「還暦坂」です。最後の坂が33段ある「厄除け坂」で、計182段を登り切ると本殿が現れます。

景色や登りやすさでは、倉敷駅に近い西参道からがオススメです。こちらはゆっくりと倉敷の街を見下ろしながら登っていける道で、途中、岡山県指定天然記念物の古木「阿知の藤」にも巡り合えます。アケボノフジと呼ばれる品種の藤で、4月下旬から5月上旬頃に満開になるそうです（私は残念ながら咲いているのはまだ見たことがありません）。倉敷で仕事があると必ず訪れる大好きな神社で、宗像三女神を祀っています。

⑨宇都宮二荒山神社（栃木）

栃木県宇都宮市の二荒山神社《ふたあらやま》（日光に鎮座する同漢字表記の神社と区別するために宇都宮とつけられることが多い）は、創建は1600年前と伝えられる歴史の古い神社です。市街地の中心部にある丘の上に鎮座し、地元の人からは二荒さんの愛称で親しまれています。大通りに面して大鳥居があり、その先に約95段の石段が続いているのが見えます。階段を登り切った先からは、宇都宮の街が一望できます。

⑩恩智神社（大阪）

大阪府八尾市、近鉄線「恩智駅」より徒歩20分。信貴山《しぎさん》に連なる山の中腹に鎮座するのが恩智《おんぢ》神社です。大和時代（470年頃）に創建されたと伝えられ、「元春日」と呼ばれる国内でも有数の古社です。

駅からしばらく歩くと、大きな一の鳥居があります。そこからきつい上り坂を500メートルほど登ってようやく石段にたどり着きます。さらに131段の石段を登り切ってようやく境内です。境内からは大阪平野が一望できます。社殿の前には、「神兎」と「神龍」がお出迎えしてくれます。兎は神様の道案内をしたことからさまざまな案内お導きのご利益があり、龍は幸せな人生への導きのご利益があるとのこと。

余談ですが、恩智神社一の鳥居前にある「茶吉庵《ちゃきちあん》」は、築280年の元商家（木綿問屋）をリフォームしたスペースで、カフェ・ギャラリーなどが併設された趣のある空間です。オーナーの「十九代目茶屋吉兵衛」こと萩原浩司さんは、かつて宮脇書店大阪柏原店のオーナー兼店長として関西の書店業界を盛り上げてきた方。一度は取り壊そうとした実家を、地元の方たちから「なんとか建物を残してほしい」という声に応えて再生すべく始めた事業で、地元のアーティストなどを応援して地域の結び目になることを目指しています。

⑪葛城一言主神社（奈良）

奈良県御所市にある葛城《かつらぎ》一言主《ひとことぬし》神社は、古事記に出てくる一言主大神をお祀りしている神社です。一言主大神は、葛城山の山中で雄略天皇に名前を尋ねられ、「吾《あ》は悪事《まがごと》も一言、善事《よごと》も一言で言い放つ言離《ことさか》の神、葛城一言主の大神なり」と名乗ったことで知られています。

私は一言主大神のことを勝手に「キャッチコピーの神様」と呼んでいて、その名前から書名をつけた『一言力』（幻冬舎新書）という本を書いたくらいです。地元では一言ならばどんな願いも叶えるという「いちごんさん」として親しまれています。私も何度も参拝していますが、まだ「一言」の願いは発動していません。

鳥居から境内までの階段はそこまでの段数はないのですが、登ると視界が遠くまで広がり別世界に来た感覚になります。公共交通機関で近くまで来るのは難しい場所ですが（車か近鉄御所駅からタクシー）、訪れる価値のある素晴らしい神社です。

境内には推定1200年の樹齢を誇る「乳銀杏」と呼ばれる老大木がありま す。幹の途中に気根が乳房のような形状で垂れ下がっていることから名付けられたとか。このイチョウの葉も含め、秋に訪れると紅葉が美しいです。

⑫鷲尾愛宕神社(福岡)

福岡市西区の標高約68メートルの愛宕山山頂に鎮座する鷲尾愛宕神社は、京都、東京と並ぶ「日本三大愛宕」の一つとされています。もともとは鷲尾山と呼ばれていて鷲尾権現をお祀りする神社がありましたが、江戸時代に筑前国二代目藩主黒田忠之が京都の愛宕権現を勧請したことで愛宕神社になりました。

地下鉄室見駅から室見川を渡ると「愛宕神社参道」という看板が見えます。こちらはいわゆる女坂です。高低差がわかる男坂から登りたければもう少し先にある大鳥居のある場所まで進む必要があります。男坂の石段は198段あるそうです。

女坂から行っても、最終的にはかなりの階段を登る必要があります。中腹には駐車場があり車でも行けます。境内からは博多湾や福岡タワー、玄界灘まで広がる美しい景色を展望できる絶景スポットです。私はまだ一度しか参拝したことがありませんが、また来たいと思う神社でした。

駐車場の横にある甘味茶屋「岩井屋」は、江戸時代にまでさかのぼる老舗だそうです。いろいろなメニューがあり落ち着けるスポットです。

神社は高台に鎮座していることが多いので、高低差のある神社は他にも数多くあると思います。いい神社があったらぜひ教えてください。

山の上にある神社はさらにアガる？

高低差のある場所にある神社にアガるのであれば、もっと本格的な山の上にある神社に参拝したらもっとアガるのでは？　と言われそうです。

いやいやそういう訳ではありません。本格的な山の上にある神社に行くのは大変です。富士山・白山・立山など古代から信仰される霊峰の山頂にはたいてい神社があります。富士山山頂には富士山頂上浅間大社奥宮、白山山頂には白山比咩神社の奥宮、立山山頂には雄山神社峰本社、という風に。私の体力ではそんな場所に行くのはとうてい無理です。

ここではそこまで本格的な山でないけど、私が行った中で、そこそこな山の上にあり、印象深い神社を紹介しましょう。いずれも達成感はありましたが、もう一度行くかと言われると微妙です。

①神倉神社（和歌山）

熊野三山と呼ばれる神社グループ（？）があります。紀伊山地の東南部にあり、相互に数十キロの距離を隔てて位置する「熊野本宮大社」「熊野速玉大社」「熊野那智大社」の三社のことをいいます。もともとは個別にルーツがありましたが、やがて「熊野三所権現」として信仰されるようになりました。平安時代、歴代法皇・上皇・女院による熊野御幸が繰り返され、後白河上皇は生涯34度も熊野三山を参拝したといいます。

江戸時代に入ると、身分や老若男女を問わず「蟻の熊野詣」といわれるほど大勢の人々が熊野三山を訪れました。

和歌山県新宮市にある神倉神社は、熊野速玉大社から歩いて10分くらいの場所にある飛地境内摂社という位置付けです。しかし熊野三山のルーツにあたる場所で、熊野大神が熊野三山として祀られる以前に降臨された聖地だといわれています。

私は7年ほど前に、作家の和田裕美さんのイベントで初めて熊野本宮大社に参拝しました。その日の夜、新宮市に宿泊し、翌早朝、熊野速玉大社に参拝して、神倉神社の存在を知りました。そのまま軽い気持ちで神倉神社に向かったのですが、それが間違いでした。

最初に待ち構えているのが急勾配の崖のような階段です。しかも整備されたものではなく、自然石を組み合わせた石段で手すりもなく踊り場も見えません。「高齢の方、足腰のバランスの悪い方、飲酒している方、小さいお子さん連れの方は絶対上がらないこと」「階段の端は絶対歩かないこと」「かかとの高い靴ではのぼらないこと」など注意書きもありました。

迷いましたがここまで来たらと意を決して登り始めました。まさに這うような感じで一歩一歩慎重に。途中で何度も登り始めたことを後悔しました。しかし引き返すのも怖いので何とか登り続けました。

途中で崖のような階段は終わり、傾斜は急にゆるやかになりますが、歩きにくいことは変わりません。約20分、530以上のふぞろいの石段を登ると、御神体のゴトビキ岩の横にある祠にたどりつきます。確かに岩のインパクトはすごいし、熊野灘を見渡せる景色は絶景です。しかしもう一度登るのは怖いので、次回は麓の鳥居の遥拝所からの参拝にしておこうと思います。

②金刀比羅宮（香川）

「こんぴらさん」で有名な金刀比羅宮は、象頭山《ぞうずさん》の中腹に鎮座し、参道の長い石段が有名です。参道口から御本宮まで785段、そこから奥社にあたる厳魂《いづたま》神社までは、さらに583段、計1368段とのこと。

コロナ渦の前、香川県の会社にコンサルティングで通っていた時に、一度参拝しました。参道は見どころも多数あり楽しいです。御本宮までは楽勝でしたが、せっかくだからとそこから奥社まで行きました。途中いくつもの神社があり気持ちのいい道です。しかし最後にまた、400段くらいの階段が現れます。ここまでずっと階段を登ってきているので、結構息が切れます。そしてようやく厳魂神社に到着。素晴らしい場所ですし、展望も本宮からよりはるかに高く、讃岐平野の先に瀬戸大橋も見える絶景です。しかし、再度登りたいかと聞かれると、ちょっと覚悟が必要な段数でした。

③伏見稲荷大社（京都）

外国人観光客にも大人気な伏見稲荷大社。多くの方が本殿に参拝して、千本稲荷で写真を撮って帰るのではないでしょうか？　しかし実は、その背後に控える稲荷山も含めて伏見稲荷大社だといわれています。私は地元の鵠沼《くげぬま》伏見稲荷神社にはよく参拝しているのですが、伏見稲荷大社は観光客が多いという理由で参拝を避けてきていました。

新型コロナウイルスが流行している時期、たまたま京都出張があったので、今なら観光客も少ないかもと伏見稲荷大社に参拝しました。山に登っていくと想像以上に神秘的な雰囲気でした。途中、いろいろと参拝するところもあるので時間がかかります。真夏の暑い日だったので結局、三の辻という場所で引き返しました。またいい季節で人が少ない時があれば（あるのか？）、稲荷山登頂に再チャレンジしたいです。

山の上にある神社でも、前章までに紹介した箱根神社奥宮、彌彦神社奥宮、御山神社（嚴島神社奥宮）などは、近くまでロープウェイで行けます。石清水八幡宮（京都）や大山《おおやま》阿夫利《あふり》神社（神奈川）なども近くまでケーブルカーで行けます。私のように体力に自信のない人間は、このような文明の利器を利用してゆるく山の上の神社を楽しむのがいいかなと思います。

島にある神社は「萌える」の法則

私は、「高低差のある場所の上にある神社」も大好きですが、「島にある神社」も大好きです。江島神社・嚴島神社・金華山黄金山神社などはすでに紹介したので、それ以外にオススメの島にある神社を紹介しましょう。

①八百富神社（愛知）

愛知県蒲郡《がまごおり》市の沖合400メートルほどの場所に浮かぶ竹島に鎮座しているのが八百富神社です。この周囲620メートル、高さ24メートルの小さな島全体が、八百富神社の境内です。大好きな神社のひとつで、機会を見つけては参拝しています。

現在は橋（竹島橋）で結ばれていますが、昭和7年までは船で行き来をしていたそうです。島は草木が密生し、対岸とは植生がまったく違うことから、保護する目的で国の天然記念物に指定されています。

島と橋で結ばれているのはちょっと江の島と似ていますが、規模は小さく島に飲食店なども一切ありません。橋も人だけが渡れるサイズなので、両サイドはすぐに海です。まるで海の中を歩いているような感覚で、気分がアガります。

島に着くと空気も変わり、まさに神域という感じがします。大鳥居をくぐるとすぐに高低差がある急な階段が待っています。100段ほど上がると本殿がある敷地に着きます。

こちらは「竹島弁財天（市杵島姫命《いちきしまひめのみこと》）」をお祀りしています。本殿以外にも、狭い敷地に宇賀神社、大黒神社、千歳神社、八大龍神社があり、それぞれのご利益があるとのことです。八大龍神社の先を降りていくと、島の裏側にあたる竜神岬という絶景スポットがあります。そこからさらに下っていくと、竹島を一周できる遊歩道があります。竹島全体がAwe体験の連続です。

八百富神社のおみくじは大大吉があることで知られています（私はまだ当たったことがありません）。また本殿の横には、「お金がたまる福種銭」が置いてあります。初穂料は100円で、デザインされた熨斗袋《のしぶくろ》の中に5円玉が入っています。財布に入れたり買い物で使うと大きな福徳が受けられるとか。私も参拝した時はいつも買って財布に入れています。

②青島神社（宮崎）

宮崎市の中心部から車で30分程度の場所にある青島神社は、「青島」という周囲1500メートルの島に鎮座しています。全島が熱帯・亜熱帯植物の群生地で、国の特別天然記念物に指定されています。古くは島全体が神域で江戸時代までは一般の人が入島できなかったそうです。現在は宮崎県有数の観光スポットになっています。

青島へは弥生橋を渡ります。橋の上からは日向灘の海と「鬼の洗濯板」と呼ばれる奇岩の景色を見ることができます。島に着くと、まさに南国の雰囲気で別世界に来たようです。

お守りやおみくじ、神事もとにかく多彩。願い事を書いたお札を井戸水で溶かす「海積《わだつみ》祓い」、神社前の浜辺で宝貝を探す「真砂願貝」、大きなサイコロを転がす「賽《さい》の目神事」など、独自のアトラクションが楽しめます。

私はまだ一度しか参拝したことがないのですが、また訪れて時間をかけてゆっくり楽しみたい神社です。

③宗像大社（福岡）

島にある神社は、宗像三女神（「市杵島姫命」単独の場合も）や弁財天を祀っていることが多いです。前述した江島神社、嚴島神社、八百富神社などもそうです。大きめの神社などで、池に囲まれた島にある摂社・末社もそうであることが多いです。

宗像三女神とは、多紀理姫命《たきりびめのみこと》（田心姫神）、市杵島姫命、多岐都姫命（湍津姫神）の三姉妹の神様のことです。古事記では天照大神と素戔嗚尊の誓約によって生まれました。弁財天は、もとはインドの古代神話に登場する水の神様です。水を司る女神であり芸能のご利益があることなどから、市杵島姫神と同一視されるようになっていきました。

宗像大社は歴史のある神社で、２０１７年にユネスコ世界遺産に認定されました。沖ノ島の沖津宮に田心姫神、筑前大島の中津宮に湍津姫神、本土の辺津宮に市杵島姫命がそれぞれ祀られ、本来は、この三宮を総称して「宗像大社」

といいます。

沖津宮が鎮座する沖ノ島は玄界灘の真ん中に位置し、俗に「海の正倉院」と呼ばれ全島が国の天然記念物になっていて、基本、神職の方以外は入島できません。中津宮も宗像市神湊から7キロほど離れた筑前大島に鎮座しています。

一般的に宗像大社という場合、三宮の総社である「辺津宮」のみを指す場合も多いです。私も辺津宮しか行ったことがありませんが、島にある神社の象徴的存在なのでこのカテゴリーで語らせていただきます。

博多と小倉のちょうど中間くらいにあるJR東郷駅からバスで15分くらいの場所にあります。数年に一度しかお参りできていませんが、大好きな神社のひとつです。

本殿奥の階段を上がっていった森の中にある高宮祭場は、宗像三女神が降臨した場とされていて、辺津宮の中でも最も神聖で重要な場所とされています。

水のそばの神社は「心洗われる」の法則

「高低差のある場所の上にある神社」「島にある神社」以外に、萌える神社の共通点として清らかな水のそばにある神社があげられます（考えたら島にある神社も水のそばにありますね）。

ここでは水のそばにある大好きな神社をご紹介しましょう。

①箱根神社 九頭龍神社（神奈川）

古代から山岳信仰の一大霊場であった箱根に、奈良時代の僧・万巻上人《まんがんしょうにん》が、箱根大神のご神託により創建したのが始まりだと言われています。以降、箱根権現として源頼朝や北条氏など、特に武家の信仰を集めてきました。

全国で好きな神社を三社だけあげろと言われたら（超難題ですが）、間違いなく入ってくるのが箱根神社です。ここ10年くらい毎年、新年ご祈祷（といっても大体2月くらいになります）&年間祈祷をしていただいています。

九頭龍神社は箱根神社の末社の位置づけで、箱根元宮と合わせて箱根三社と呼ばれています。九頭龍神社は箱根神社境内にも新宮が祀られていますが、本宮は芦ノ湖畔にある「九頭龍の森」というエリアに鎮座しています。

箱根という山の中でありながらカルデラ湖の芦ノ湖に近い水のそばの神社です。箱根というエリア全体がパワースポットともいえますが、やはり箱根神社と九頭龍神社がある場所は私にとって特別にパワーをいただける場所です。

湖畔から少し上がったところにある駐車場から本殿までは、約90段の階段を登ります。早朝まだ観光客が少ない時間に来られた時は、この階段を見上げるだけで心がシャッキとします。ゆっくりと登っていくと、素晴らしい社殿が現れます。心を込めて参拝しましょう。帰りは脇参道のゆるやかな坂道を下っていきます。恵比寿社や弁財天社など末社にも参拝します。茶屋で「権現からめもち」をいただくのもいいですね。

箱根神社の参拝が終わると、今度は九頭龍神社本宮に向かいます。箱根園の「ホテル ザ・プリンス箱根芦ノ湖」までは車で行けます。そこから遊歩道を歩いていくのですが、この道が本当に気持ちいい。15分くらい歩くと「九頭龍の森」の入口があります。ここで入園料を払います。近くの白龍神社に参拝してから、さらに10分ほど湖畔も道を歩くと九頭龍神社本宮に着きます。

ここに来るまでのプロセスが本当に素晴らしく、何度来ても心が洗われます。毎月13日の月次祭の日は元箱根港から参拝船が出て、大勢の人が縁結びのご利益を求めて押し寄せるそうです。人ごみが苦手な私はこれまで一度も船で訪れたことはありません。それ以外の日は、そこまでの人ではありません（最近はかなり増えて、外国人観光客の姿も散見します）。帰りは「九頭龍の森」の入口の売店で、金箔入りの「九頭龍カステラ」をつい買ってしまうのが習慣になっています。

②三嶋大社（静岡）

箱根神社といえば三嶋大社。どちらの神社も鎌倉幕府の初代将軍源頼朝と妻北条政子にゆかりの地です。石橋山の戦いで敗れた頼朝を助けた箱根権現（箱根神社）、頼朝が伊豆に流された際に源氏の再興を願った三嶋大明神（三嶋大社）。こちらに頼朝が妻である北条政子と縁を結んだ場所伊豆山権現（伊豆山神社）を合わせた三社詣は、鎌倉幕府の各将軍も実行していたといいます。

私は神奈川県在住で比較的近いので、この三社は特によく参拝させていただいている神社です。中でも三嶋大社は、えびす様と同一視される事代主神がご祭神であることからか、どこか庶民的でほっとする大好きな神社です。ご祈祷もよくしていただきます。

三嶋大社がある三島という街は、とにかく「水」が綺麗です。富士山の伏流水がありとあらゆるところから湧き出ています。楽寿園や柿田川など水にまつわる名所がたくさんありますし、飲める水を出してくれる人形なども設置されています。駅から三嶋大社に向かう綺麗な川沿いの道には、太宰治や大岡信など三島ゆかりの12人の文学者たちの作品から引用された文章が書かれた文学碑が並んでいます。多くの作品で、三島のせせらぎや水のことが書かれています。

ということで、三嶋大社も水のそばにある神社に分類させていただきました。

③岩木山神社（青森）

津軽富士と呼ばれる岩木山のふもと（奥宮は山頂）に鎮座しているのが岩木山神社です。弘前駅から車で30分くらい（バス路線もあります）の場所にあります。

以前、青森県庁からの依頼で、約2年間、2カ月に一度青森市に通ったことがあります。青森県内に「みんなが好きになる会社」を増やすためのセミナー&ワークショップを実施したのです。

その時の参加者に岩木山神社のことを教えてもらいました。実際に弘前まで足を延ばして参拝すると、素晴らしい神社でさらに近くの百沢温泉も最高だったので、それ以降何度も通うようになりました。

岩木山神社の参拝は可能であれば早朝がオススメです。凛とした張りつめた空気を感じられるからです。

まず一の鳥居から参道を見てみましょう。まっすぐ社殿に向かっていく石畳の参道の上は見事で、遠近法で一の鳥居の中に二の鳥居、三の鳥居が収まっています。さらに視線を少し上にあげると、社殿の上にはなんと奥宮のある岩木山山頂が見えるのです。まさに絶景で思わず「スゴイ」「なんてこった」などと呟いてしまいます。

参道を歩いていくと、国の重要文化財、楼門に辿りつきます。その前にある手水舎は、三つの龍の首から勢いよく水が溢れ出ています。実はこの水、岩木山の地に染み込んだ雨水が、何百年もかけて流れてきた伏流水で飲んでもおいしいです。そのまま参道沿いの水路を流れていくので、常に水が流れる音が聞こえます。そう、岩木山神社はまさに水のそばにある神社なのです。

参拝が終わったら、拝殿の右奥に進んでみてください。白雲大龍神を祀る末社白雲神社があります。参道には「白雲大龍神」と書かれた白い奉納旗がたくさん立っています。湧水が溜まった池があり、そこを渡ったところに小さな祠があります。

余談ですが、神社の近くにある「百沢温泉」は、源泉かけ流しのお湯がドバドバと流れ出ているディープな公衆浴場です。2023年9月老朽化や人手不足のため休業しましたが、吉本興業所属の芸人・あべこうじさんが取得して2024年4月に再開したらしいです。ぜひまた行ってみたいですね。車で少し行った場所には「アソベの森いわき荘」という宿泊施設があり、こちらも日帰り温泉を楽しめるオススメの施設です。

④日牟禮八幡宮（滋賀）

琵琶湖の東岸に存在する近江八幡市は、安土桃山時代、豊臣秀次の城下町として発展し近江商人発祥の地として知られています。その地名の由来にもなったのが日牟禮八幡宮《ひむれはちまんぐう》です。

もともと八幡山の山頂に鎮座していたのを、築城の際、麓にあたる現在の地に移転したといいます。神社の周辺には堀が巡らされていて、まさに水のそばにある神社です。この堀は、城を防御するとともに、琵琶湖を経由して、京や大坂への物流水路という商業目的もありました。そのお陰で、八幡山城廃城後の江戸時代にも発展し、この地には豪商がたくさん生まれました。現在もとても風情がある景色が残されています。

私は近江八幡市に本部がある書店チェーン「本のがんこ堂」と親しくさせていただいている関係で、よくこの地を訪れます。神社はもちろん堀のまわりをぶらぶら散歩しているだけで心が洗われる場所です。時代劇の撮影スポットとしても有名でさまざまな作品のロケ地となっています。

日牟禮八幡宮のすぐ脇からはロープウェイが出ていて、標高271メートルの八幡山山頂まで上がることができます。城跡はわずかですが、琵琶湖を一望できる絶景でAwe体験が味わえます。

日牟禮八幡宮のすぐ横には、近江八幡市に本社がある和菓子やバームクーヘンで有名な「たねや」が経営する「近江八幡日牟禮ヴィレッジ」があり、多くの観光バスが横付けされます。さらにここから車で5分ほど、歩いても行ける場所に、同じくたねやが作った「ラコリーナ近江八幡」があります。緑豊かな敷地内には「自然に学ぶ」をコンセプトに、ショップ、カフェなどが軒を連ねていて、大人気の施設になっています。

⑤江田神社（宮崎）

2020年秋まで、宮崎県が全国で唯一訪れたことのない県でした。ところが、同年宮崎県庁が実施した「高校生による県産品魅力向上プロジェクト」に講師＆アドバイザーで関わらせていただいて以来、さまざまなプロジェクトで呼んでいただき、2年で10回ほど宮崎に行く機会がありました。そのお陰で宮崎県の神社を数多く参拝することができました。さすが神話の里だけあって、素晴らしい神社が多かったです。前述した「鵜戸神宮」「青島神社」も、これから紹介する「江田神社」「大御神社」も、その時参拝した「水のそばの神社」です。

江田神社は宮崎市南部のシーガイアの近くの阿波岐原《あわきがはら》森林公園横に鎮座しています。ご祭神は伊邪那岐尊《いざなぎのみこと》と伊邪那美尊《いざなみのみこと》。日本列島を造り八百万の神様を産みだしたと記される最初の夫婦神です。

地名の「阿波岐原」はイザナギが黄泉の国から帰還した時に「禊《みそぎ》」をして身

を清めたという伝承地です。古事記には、その禊で天照大神、月読尊、素盞鳴尊の三貴神が生まれたと記されています。そしてその禊の場が、神社から徒歩5分の所にある「みそぎ池」だと言うのです。行ってみると、予想よりはるかに大きな池で、神秘的で眺めているだけでも癒される場所でした。

阿波岐原の地名は、神事で奏上される祓詞の冒頭に出てきます。

「掛けまくも畏《かしこ》き　伊邪那岐大神《いざなぎのおおかみ》　筑紫《つくし》の日向《ひむか》の橘《たちばな》の小戸《おど》の阿波岐原《あわぎはら》に
禊《みそ》ぎ祓《はら》へ給《たま》ひし時に　生《な》り坐《ま》せる祓戸《はらえど》の大神等《おおかみたち》」

このようなことから、江田神社は、「みそぎ発祥の地」「祝詞発祥の地」と言われています。

⑥大御神社（宮崎）

宮崎県の北部、日向市の海岸沿い日向灘を見下ろす崖上に鎮座しています。

天照大御神をご祭神とすることから「日向のお伊勢さま」と呼ばれているとか。本殿裏の崖は柱状節理《ちゅうじょうせつり》になっていて、そこに荒波が打ち寄せている、なかなか他では見ることのできない雄大な景色です。

本殿横の階段を降りていくと海岸の洞窟に摂社・鵜戸神社が鎮座しています。139ページで記載した鵜戸神宮も洞窟の中にあり、少し雰囲気は似ています。しかしこちらはあまり整備されておらず、波が高い日だったこともあり、足を滑らせたら危険で結構怖かったです。お社の前に立ち外を眺めると洞窟入口の形が「昇り龍」に見えることで知られています。

さて宮崎県で水のそばの神社と言えば、何と言っても高千穂神社でしょう。なぜ高千穂のことが書かれていないか不思議に思う方もいるかもしれません。出張には何度か行っていましたが、宮崎市からは結構遠く時間的余裕がなくなかなか行く機会がありませんでした。

前回、宮崎出張があった最終日、念願の高千穂に行こうと決意してレンタカーとボートを予約して万全の準備を整えていました。しかし朝レンタカー屋さんに行ったら、何といつも入れている場所に免許書がないのです。そういや数日前に自宅で免許書をコピーする用事があったことを思い出しました。そう、そのままうっかり自宅のコピー機に置いてしまっていたのです。当然、行くことはできませんでした。かなり落ち込みましたが、まだ呼ばれていなかったと思って諦めました。ただそのお陰で1日空いたので、33ページに書いた宮崎神宮横の宮崎県総合博物館に行くことができたり、いろいろな発見や出会いがあったりしました。ということで、近々、高千穂にも呼んでもらえることを願っています。

⑦上賀茂神社（京都）

京都市の北部に位置する神社で、正式名称は賀茂別雷《かもわけいかづち》神社です。下鴨神社（賀茂御祖《みおや》神社）と並んで京都を代表する神社で境内全域が世界遺産になっています。神社の背後に位置する神山《こうやま》は、ご祭神である賀茂別雷大神が降臨したと伝わる御神体です。境内を入ってすぐにある一対の「立砂」はこの神山を模したものと言われています。

境内には名水「神山湧水」が湧き、御物忌《おものい》川と御手洗《みたらし》川、さらに合流して「ならの小川」が流れていて、まさに水のそばにある神社です。水には罪穢れを祓い清める役割があり、上賀茂神社はどこから境内に入っても本殿に着く前に必ず川を渡る構造になっているそうです。

川の流れに沿って多くの摂社・末社（境内に24社）が鎮座しているのも見どころのひとつです。その第一摂社に定められている片岡社（片山御子神社）は、御物忌川にかかった屋根のついた片岡橋をわたったところにあります。賀茂別雷大神の母神である玉依姫命を祀っていて、特に「縁結び」のご利益があると伝わっています。かの紫式部も参拝して、片思いの恋の成就を願ったと伝わる「ほととぎす　声まつほどは片岡の　もりのしずくに　たちやぬれまし」という歌は、新古今和歌集に収められています。ちなみに下鴨神社の第一摂社「河合神社」のご祭神も同じ玉依姫命です。玉のように美しかったことから「美麗の神」といわれています。河合神社では、美麗の祈願の手鏡型の絵馬「鏡絵馬」があります。顔を表す模様が入った絵馬に、自身の普段使用されている化粧品で理想の姿をメイクするというもの。他ではなかなか見ない絵馬です。

上賀茂神社は、他にも見どころが多く、本当に心洗われる大好きな神社のひとつです。2015年、私は、ご神体である神山にキャンパスを構える京都産業大学で、創立50周年記念のメインコピー「むすんで、うみだす」を書かせていただくというご縁がありました。当時、京産大を訪問する前後どちらかには必ず上賀茂神社に参拝させていただいていました。このキャッチコピーも、大学の名前にある「産業」を「むすびわざ」と解き、上賀茂神社・片岡社の「縁結び」からもインスパイアをうけて「むすんで、うみだした」ものです。

摂社・末社で神社を隅々まで楽しみつくそう

前項で述べた上賀茂神社や下鴨神社もそうでしたが、よりマニアックな楽しみ方は、神社の本殿だけではなく、摂社・末社まで存分に楽しみつくすということです。

摂社・末社が多く見どころが多いということでまず思い浮かぶのは、やはり春日大社（奈良）でしょう。62社の摂社・末社があり、一部を除いてほとんどが広い境内のいろいろな場所に点在しています。

ユニークなのは、近くにある摂社・末社をまとめてパッケージツアーとして売り出しているということです。「若宮十五社めぐり」は、境内の奥にある若宮神社という大きな摂社を中心として、15の末社をめぐるというもの。「夫婦《めおと》大國社《だいこくしゃ》」の授与所で初穂料を払って申し込むと15社分の玉串札がもらえます。番号順に回っていきその札を納めていきます。コンプリートして申請すれば「十五社の御朱印」と「福守」をおしるしとしていただけます。15社分というと多そうですが、近くにあるので30分くらいで達成できそうです。

「開運招福水谷九社めぐり」は本殿手前側の川辺にある「水谷神社」を中心とした摂社・末社9社をめぐるというもの。ご祈祷所で初穂料を支払うと祈願札をいただけます。それを順番に納めていきコンプリートして申請すれば特別な御朱印とお守りが授与されるという仕組みです。こちらも30分くらいで達成できます。どちらもツアーでなくても参拝することはできますが、時間に余裕があればアトラクションとして楽しむといいでしょう。

もちろん春日大社は摂社・末社だけでなく、本殿も素晴らしいです。特に特別参拝の初穂料を支払って入場できるエリアが超オススメです。回廊に囲まれた本社には、主要な社殿が立ち並んでいて見どころが多いからです。

春日神社は藤原氏の氏神として有名で、かの藤原道長も何度も参拝しています。春日大社を象徴するのは藤原氏ゆかりの「藤の花」で、社紋は「下り藤」ですし、巫女のかんざしにも藤の花がデザインされています。そんなこともあり、4月中旬から5月上旬の「藤の花」が咲く時期に参拝できたら最高です。

私も毎年できるだけこの季節を狙って参拝します。本殿前にある「砂ずりの藤」は言うまでもなく、境内のいたる場所に藤が自生して花を咲かせています。参拝が終わったら、近くの萬葉植物園にもぜひ寄ってください。広い園内に20品種、約200本の藤の木が植えられていて、初めて見るような藤の花も数多くあり、寄る価値は大いにあります。春日大社では神の使いとされる鹿は、いつ見てもかわいいです。

住吉大社（大阪）は約３万坪ある境内に、本殿４棟、摂社・末社あわせて27社が点在しています。ユニークなご利益で知られる末社が多いのも特徴です。

「種貸社《たねかししゃ》」は、昔話で有名な「一寸法師」の発祥の地とされています。子授けや商売の資本金、良い知恵などの種を貸してくださる神様として知られていて、「智恵の種」というユニークなお守りをいただけます。

八坂神社（京都）は全国に約３０００社ある祇園社の総本社で、地元では「祇園さん」の名で親しまれています。国宝の本殿のまわりには16社の摂社・末社が取り囲んでいます。注目は女性の人気を集める「美御前社《うつくしごぜんしゃ》」です。宗像三女神をご祭神としていて、社前に湧き出るご神水「美容水」を肌に数滴つけると身も心も綺麗になるという言い伝えがあります。

また宗像三女神のひとり市杵島比売命だけをお祀りした「厳島社」という末社もあります。こちらは舞踊謡曲の神として古くから祇園の舞妓・芸妓さんたちにも信仰されたそうです。

「運のいい人」のお伊勢参りは？

ここまで神社のマニアックな楽しみ方やオススメの神社を紹介してきました。まだまだ熱く語りたい神社や楽しみ方はたくさんあるのですが、ページ数の関係で最後に、私が年に一度お参りする伊勢神宮の参拝順序について書いて終えることにします。

当たり前ですが、参拝順序なども個人個人の自由にすればいいと思うので、参考程度にしていただいたらと思います。

一般的には「伊勢神宮」と呼ばれていますが、正式には「神宮」と呼びます。またひとつの神社ではなく、天照大御神を祀る「皇大神宮（内宮）」と天照大御神の食事を司る豊受大明神を祀る「豊受大神宮（外宮）」を中心とした正宮・別宮・摂社・末社・所管社125宮社の総称です。外宮・内宮は「正宮」とも呼ばれ、正宮に準じる格式高いお宮は「別宮」と呼ばれています。内宮の別宮は10社（境内2社域外8社）、外宮の別宮は4社（境内3社域外1社）になります。

私はお伊勢参りの時、前日伊勢市駅近くのホテルに泊まって朝5時台に出発してまず外宮からお参りします。12月なので外はまだ真っ暗です。駅から外宮までの「外宮参道」は、昼間は多くの飲食店で賑わっていますが、この時間にあいている店は一軒もありません。

外宮前の広い道の信号は、押しボタン式ですがなかなか青になってくれずに焦《じ》らされる時があります。境内に入ると入口の手水舎でまず手を清めます。そしてシャリシャリと玉砂利の音をかみしめながら参道を進みます。以前は境内に灯りがほとんどなかったので、懐中電灯がないと歩くのが怖かったのですが、10年くらい前から灯りがつくようになり今はなくても平気です。

外宮の参道は左側通行なので左端を歩きます。しばらく歩くと、社務所がありそこを越えると正宮に着きます。寒いし面倒ですが、私は参拝する時、コートを脱いでから、二拝二拍手一拝で参拝します。ちなみに外宮・内宮ともに正宮では「賽銭はしない（そもそも賽銭箱がない）」と「個人的なお願いごとはしない」というのがルールだそうです。私もそのルールに従っています。

次に参拝するのは、豊受大御神の「荒御魂」をお祀りしているという境内別宮の「多賀宮」です。神様の御魂のおだやかな働きを「和御魂」といい、荒々しい御魂の働きを「荒御魂」と呼びます。

「多賀宮」は、正宮から少し戻って右に折れた先にある小高い丘の上に鎮座しています。この100段近い階段を登っていくプロセスは、毎年行っていてもなぜかドキドキします。こちらには賽銭箱が置いてあるので、お賽銭を入れてかまいません。一般的には個人的なお願いは「荒御魂」である「多賀宮」（内宮では荒祭宮）でするのがいいといわれています。

参拝が終わると、同じ階段を降りてきて「土宮」と「風宮」に参拝します。

こうして正宮と3つの境内別宮を参拝し終えたら、裏参道から北御門を退出して外宮の参拝は終了です。

続いて境外の別宮「月夜見宮」に向かいます。外宮と月夜見宮を結ぶ300メートルほどの道を「神路通」といいます。こちらは月夜見宮のご祭神である月夜見尊が、夜中に外宮のご祭神である豊受大御神のところへ通った、という言い伝えから名付けられたといいます。

この頃になると、少し空が明るくなってきます。「月夜見宮」は小さいですが、いい気が流れている神社です。こうして外宮とその別宮の参拝が終わると、私はいったんホテルの部屋に戻り、チェックアウトを済ませて内宮に向かいます。

外宮のあとは内宮へ

内宮へは始発のバスかタクシーで向かいます。内宮に着く頃にはまだ日の出前ですが、かなり明るくはなってきています。

冬至近くになると、大鳥居の前はカメラを持った大勢の人でいっぱいです。朝7時半頃、鳥居と宇治橋を結ぶ線の上に太陽が登ってくるので、その景色を写そうと多くの人が早くから場所を取っているのです。

私はそのまま五十鈴川にかかる宇治橋を渡ります。今度は右側通行でシャリシャリと玉砂利の音をかみしめながら参道を進みます。手水舎もありますが、せっかくなので五十鈴川にある御手洗場に降りていきましょう。ここでは清流で手が洗えます。しばらく手の感覚がなくなるほど冷たいです。

御手洗場から上がって、脇の小道をいくとひっそりと小さなお社があります。こちらは内宮所管社の「瀧祭神」です。地元伊勢では「お取り次ぎさん」「とっつきさん」などと呼ばれ、ここを参拝することで瀧祭神が天照大神に取り次いでくださるとされています。見落としがちですが、ちゃんと参拝しておきましょう。

その後、社務所を超え、さらに先に進むと正宮です。左手の少し上がったところに鎮座しています。賽銭などについては、外宮の正宮と同じです。なんとも言えず、身が引き締まる場所です。

その後、天照大神の荒御魂である「荒祭宮」を参拝。さらに島路川にかかる風日祈宮橋を渡った先にある「風日祈宮《かざひのみ》」に参拝します。このあたりの景色は本当に素晴らしいです。

その後、社務所で「御神楽」を申し込みます。朝８時から受付が始まります。待合室で流される紹介動画も好きです。そして81ページで書いた日本最強のエンターテインメントを堪能したら内宮参拝は終わりです。

鳥居を出たところに赤福の店舗があります。朝から何も食べてないので、そこで温かい「ぜんざい」をいただきます。その後、「おはらい町」や「おかげ横丁」を通り（まだほとんどの店は開いていない）、猿田彦神社に参拝。さらに頑張って歩いて内宮の境外別宮である「月読宮」を参拝します。ご祭神は月読尊。「ツクヨミ」と読み、天照大御神の弟神で外宮の別宮月夜見宮のご祭神と同じです。古事記にも名前だけしか出てこない謎多き神様です。

境内はかなり広く参道もそこそこの距離があります。拝殿は右から月読荒御魂宮、月読宮、伊佐奈岐宮、伊佐奈弥宮の四別宮が並んで鎮座しています。参拝は、まず月読宮、次に月読荒御魂宮、伊佐奈岐宮、伊佐奈弥宮の順を推奨されています。この「月読宮」も心癒される本当に大好きな神社です。

私の場合、これでお伊勢参りは終わり。五十鈴川駅から伊勢市駅に戻り、ランチを食べて帰ることが多いです。

内宮の境外別宮は他にもあります。私は、「倭姫宮《やまとひめ》」や「伊雑宮《いざわ》」は、時間や体力に余裕がある時にだけ参拝することにしています。「瀧原宮」「瀧原並宮」は伊勢参拝とは別の時に単独で参拝します。以下、簡単に解説しておきましょう。


「倭姫宮」は、内宮と伊勢市駅の中間にある神宮徴古館近くに鎮座しています。ご祭神の倭姫命は第11代垂仁天皇の第四皇女で、現在の場所に神宮を創建したと伝わっています。その功績を称え大正12年に建立された新しいお宮です。

「伊雑宮」は伊勢からは少し離れた志摩市上之郷に鎮座しています。天照大御神御魂を奉り、倭姫命が皇大神宮へ奉る供物を採る場所として定めたとされています。

そして「瀧原宮」「瀧原並宮」は、伊勢からも遠い度会《わたらい》郡大紀町に隣同士に鎮座しています。公共交通機関も少なくかなり不便な場所にあります（私が行く時は松阪駅からレンタカーを借ります）。しかし行く価値はあります。内宮を小さくしたような造りで、参道と並ぶようにして流れる「頓登川《とんどがわ》」の水が雑念を洗い流してくれます。参拝客も少ないので、静寂な空間を堪能できる大好きな神社です。

以上が私のお伊勢参りのルーティーンです。何か参考にしていただけるポイントがあれば嬉しいです。皆さんは自分の流儀で参拝して、ぜひ「運のいい人」になってくださいね。

おわりに

不思議なご縁で、初めて「神社本」を出版することになりました。いつか出せればいいなとは思っていましたが、思ってもいないタイミングで思ってもいない形で思ってもいない出版社からだったので驚きです。ただの偶然か、はたまた神社（神様？　サムシング・グレート？）のお導きかわかりませんが、本当にありがたいことです。

今から10年近く前、愛媛県松山市に本社を構える明屋書店チェーンの会合で講演をさせてもらいました。その際、当時ポプラ社の営業だったSさんと出会い、「当社で私が一番信頼している編集者を紹介します」と取り次いでいただいたのが本書の編集者Aさんでした。

Aさんとは「せっかくだから普通じゃない本を作りましょう」とその後、年に一、二度はお会いして、これまでいろいろな企画を何度も何度も何度も提案しましたが、形になったものはありませんでした。

今回も実はまったく別の企画を提案に行ったのですが、そちらはあえなく撃沈。その後の雑談でなぜか「神社」の話になり、熱く語っていると「その神社の話、おもしろいからポプラ新書で本にしませんか？」という思いもしない提案があり、あれよあれよと企画が通り、どうせ出すなら新年に間に合わせましょうと、急ピッチで原稿を書き進め、こうして本になったのでした。Aさんは特に神社好きというわけでもなかったのに、ほんと不思議ですね。

今まで出版した本の多くは、できるだけ自分のキャラクターを消して、個人的なエピソードもあまり書かないことをモットーに執筆してきました。しかし今回は出しまくってしまいました（笑）。

仕事でどこそこに行ったなど、普段絶対に書かないことを書いているのは、神社参拝と「運のいい人」が結びついていることを示したかったからです。

「こんなこと書いて大丈夫かな？」「自分のこと『運のいい人』と決めつけてるってイタい人じゃない？」と心配しながら書き始めたのですが、Aさんが「おもしろい」と言ってくれるので、それを信じてつい調子に乗って書き進めてしまいました。筆が滑って不快に思われる箇所があればどうかお許しください。

紹介させていただいた神社の関係者の皆さまにはいくら感謝しても感謝しきれません。いつも神社を守っていただいて本当にありがとうございます。

この一冊をきっかけに、あなたが神社を通じて「運のいい人」になってくれたら、それにまさる喜びはありません。またどこかでお会いしましょう。

川上徹也

付録

「運のいい人」が参拝する神社

ここでは、本文で紹介した神社、紹介できなかった神社も含め私が好んで参拝している神社を4つのカテゴリーに分け、それぞれ11社ずつセレクトして紹介しています（伊勢神宮を除く）。本当はまだまだ紹介したい神社は数多くありますが、涙を飲んで厳選しました。また、巻末の日本地図にはセレクトした44社に加えて、本書で言及している神社の位置もできる限り表示しています。皆さまの参拝の参考にしていただければ幸いです。なお、主祭神などの表記は、原則神社の公式サイトに準拠しています。

6 美保神社　主祭神／事代主神（えびす様）、三穂津姫命

［住 所］島根県松江市美保関町美保関608

詳しくは85ページ参照。神社から車で数分の「美保関灯台」から望む日本海の雄大な眺めは絶景。明治31年に造られ「世界の歴史的灯台100選」にも選ばれている。

7 出雲大社　主祭神／大国主大神

［住 所］島根県出雲市大社町杵築東195

本殿はもちろん、その裏側にある「素鵞社」は小さいお社だがぜひお参りしたい。さらに背後には、ご神体八雲山の岩がせり出して触れることのできる場所も。

8 嚴島神社　主祭神／市杵島姫命、田心姫命、湍津姫命

［住 所］広島県廿日市市宮島町1-1

詳しくは46ページ参照。干潮や満潮の時間によって、鳥居や廻廊の見え方が大きく変わる。日によって干満の時刻が変わるので、ちゃんと調べてから行くのが吉。

9 鵜戸神宮　主祭神／日子波瀲武鸕鷀草葺不合尊

［住 所］宮崎県日南市宮浦3232

詳しくは139ページ参照。本殿がある洞窟は、古事記で海神の娘「豊玉姫」が山幸彦の子どもを出産した場所と伝わり、「お乳岩」という乳房に見える岩がある。

10 霧島神宮　主祭神／天饒石国饒石天津日高彦火瓊瓊杵尊

［住 所］鹿児島県霧島市霧島田口2608-5

高千穂峰の麓に鎮座。坂本龍馬が新婚旅行で訪れたことでも知られる。7キロほど登った場所にかつて本殿があった古宮址があり、活火山の息吹を感じる。

11 枚聞神社　主祭神／大日孁貴命（天照大御神）

［住 所］鹿児島県指宿市開聞十町1366

薩摩半島最南端近くに鎮座。鳥居から社殿を見たその上に、神体山の開聞岳が重なりその光景に気分がアガる。指宿の砂むし温泉は気持ちいいのでぜひ体験してほしい。

非日常がアガる神社

1 岩木山神社　主祭神／顕国玉神、多都比姫神、宇賀能売神

［住 所］青森県弘前市大字百沢字寺沢27

詳しくは185ページ参照。リンゴの開花時期（5月）は神社までの道に花が咲き乱れ、夏から秋にかけて実が実り、道中ですでに気分がアガる。

2 金華山黄金山神社　主祭神／金山毘古神、金山毘賣神

［住 所］宮城県石巻市鮎川浜金華山5

詳しくは51ページ参照。女川港から船に乗って約40分。船長の語る「東日本大震災」時のエピソードは何度聞いても心揺さぶられる。島内には多数の鹿がいる。

3 白山比咩神社　主祭神／菊理媛神（白山比咩大神）

［住 所］石川県白山市三宮町ニ105-1

階段を登る表参道は大樹に囲まれ、流水の音に心洗われる。主祭神の菊理媛神は、日本書紀の一書だけにイザナギとイザナミを仲裁したとあるレアな神様。

4 八百富神社　主祭神／竹島弁財天（市杵島姫命）

［住 所］愛知県蒲郡市竹島町3-15

詳しくは176ページ参照。竹島の対岸には、昭和初期建築の蒲郡クラシックホテルやユニークな解説文で知られる竹島水族館などの見どころも。

5 熊野本宮大社　主祭神／家津美御子大神、素戔男尊

［住 所］和歌山県田辺市本宮町本宮1110

本殿にあがっていく階段は、両脇に「熊野大権現」の奉納のぼりがたなびき、気分がアガる。明治時代に洪水で流されるまで、大きな社殿があった「大斎原」は川と森に囲まれたパワースポット。

17 大神神社　主祭神／大物主大神

［住所］奈良県桜井市三輪1422

詳しくは45ページ参照。摂社・狭井神社は三輪明神の荒魂を祀る神社で必ず寄りたい。山野辺の道を少し行くと元伊勢の檜原神社や箸墓古墳などもある。

18 石清水八幡宮　主祭神／八幡大神

［住所］京都府八幡市八幡高坊30

信長・秀吉・家康など名だたる武将が崇拝した神社で見どころ多し。ケーブルカーで約3分、標高約140メートルの男山に鎮座。展望台から遠く京都市内が一望できる。

19 吉備津神社　主祭神／大吉備津彦命

［住所］岡山県岡山市北区吉備津931

詳しくは90ページ参照。境内摂社の一童社は合格を願う祈願トンネルに注目。御竈殿から境外に出てすぐにある宇賀神社は池にある島に鎮座して美しい。

20 大山祇神社　主祭神／大山積神

［住所］愛媛県今治市大三島町宮浦3327

しまなみ海道の大三島に鎮座。境内中央には樹齢2600年あまりの大楠が御神木としてそびえ、神社内の原始林である楠群は国の天然記念物に指定されている。

21 宗像大社　主祭神／田心姫神、湍津姫神、市杵島姫神

［住所］福岡県宗像市田島2331

詳しくは179ページ参照。辺津宮は本殿を囲むように24の摂社・末社がある。宗像市神湊港から7キロ先に浮かぶ大島に鎮座する中津宮には、まだ行ったことがなく一度訪れてみたい。

22 宇佐神宮　主祭神／八幡大神、比売大神、神功皇后

［住所］大分県宇佐市南宇佐2859

全国約4万社の八幡宮の総本宮。同じ神様を祀った上宮と下宮があり「下宮参らにゃ片参り」と言われている。境外にある摂社の大尾神社もお参りしたい。

ここぞという時の勝負神社

12 箱根神社　主祭神／箱根大神（瓊瓊杵尊、木花咲耶姫命、彦火火出見尊）

［住 所］神奈川県足柄下郡箱根町元箱根80-1
詳しくは181ページ参照。毎月1日の午前7時（4月～11月）からの月次祭は誰でも参加でき、終了後、直会で神様にお供えしたお米で炊いた御粥がいただける。

13 九頭龍神社　主祭神／九頭龍大神

［住 所］神奈川県足柄下郡箱根町元箱根防ケ沢箱根九頭龍の森内
詳しくは181ページ参照。九頭龍の森公園に入ってすぐ左を芦ノ湖の方に降りた場所にひっそり鎮座する、白い鳥居が珍しい「白龍神社」にもぜひ参拝を。

14 伊豆山神社　主祭神／伊豆山神（火牟須比命、天之忍穂耳命、栲幡千千姫命、邇邇芸命）

［住 所］静岡県熱海市伊豆山708-1
詳しくは63ページ参照。参道の837段の階段は海までつながっていて、ゆっくり降りていくのは最高の気分。海岸近くにある「走り湯」は珍しい横穴式源泉。

15 諏訪大社　主祭神／建御名方神

［住 所］長野県諏訪市中洲宮山1
諏訪湖周辺に上社（本宮・前宮）と下社（秋宮・春宮）が鎮座。四宮それぞれによさがあり、お参りの順番やお社の序列はない。各宮にある「御柱」もアガるポイント。

16 椿大神社　主祭神／猿田彦大神

［住 所］三重県鈴鹿市山本町1871
鈴鹿山脈麓に広大な敷地をもつ。主祭神は猿田彦大神。天孫・瓊々杵尊が地上に降りる際、道案内をしたことから「みちびき」「みちひらき」の神といわれる。

28 熱田神宮　主祭神／熱田大神

[住 所] 愛知県名古屋市熱田区神宮1-1-1

32ページ参照。境内だけで別宮1社、摂社8社、末社19社もある(境外も合わせると45社)。特に正門近くの別宮八剣宮と上知我麻神社は参拝したい。

29 多賀大社　主祭神／伊邪那岐大神、伊邪那美大神

[住 所] 滋賀県犬上郡多賀町多賀604

古くから「お多賀さん」の名で親しまれ、ご祭神が伊邪那岐大神、伊邪那美大神であることから「お伊勢参らばお多賀へ参れ お伊勢お多賀の子でござる」の俗謡もある。

30 春日大社　主祭神／春日神(武甕槌命、経津主命、天児屋根命、比売神)

[住 所] 奈良県奈良市春日野町160

二の鳥居から高畑へ抜ける「ささやきの小径」は、両側に馬酔木の原生林が茂る散歩道。志賀直哉をはじめ数々の文化人が散策した。正式名称は「下の禰宜道」。

31 住吉大社　主祭神／底筒男命、中筒男命、表筒男命、神功皇后

[住 所] 大阪府大阪市住吉区住吉2-9-89

鎮座したのが辛卯年卯月卯日(卯=兎)であることから、うさぎが神使いとされている。第四本宮前に「住吉神兎」と呼ばれる糸魚川産翡翠の撫でうさぎの像がある。

32 西宮神社　主祭神／えびす大神(蛭児大神)

[住 所] 兵庫県西宮市社家町1-17

「西宮のえべっさん」として有名。毎年1月10日前後の3日間行われる十日えびすは大勢の参拝者で賑わう。広い境内にはさまざまな摂社・末社がありゆっくり楽しめる。

33 住吉神社　主祭神／底筒男命、中筒男命、表筒男命

[住 所] 福岡県福岡市博多区住吉3-1-51

博多駅から徒歩圏内ながら、広大な森の中に鎮座している。「御神木 一夜松」「恵比須神像」「古代力士像」などパワースポットと呼ばれる見どころも多い。

いろいろ楽しめるおいしい神社

23 明治神宮　主祭神／明治天皇、昭憲皇太后

［住 所］東京都渋谷区代々木神園町1-1

31、108ページも参照。参拝を終え時間に余裕があれば入園料を払って「明治神宮御苑」を散策したい。有名な菖蒲以外にも四季折々の植物を楽しみながら森林浴できる。

24 神田神社　主祭神／大己貴命、少彦名命、平将門命

［住 所］東京都千代田区外神田2-16-2

55ページも参照。お茶の水から参拝すると気づかないが、本郷台地の東南端に鎮座しているため秋葉原方面からだと高低差がすごい。数々のコラボイベントでも有名。

25 根津神社　主祭神／須佐之男命、大山咋命、誉田別命

［住 所］東京都文京区根津1-28-9

夏目漱石の作品にも「根津権現」としてしばしば登場する。境内には「文豪憩いの石」も。千本鳥居で有名な乙女稲荷神社と駒込稲荷神社の2社の稲荷が境内に鎮座。

26 氷川神社　主祭神／須佐之男命、稲田姫命、大己貴命

［住 所］埼玉県さいたま市大宮区高鼻町1-407

詳しくは109ページ参照。楼門前には大きな池（神池）があり、左奥の遊歩道を進むと水源の「蛇の池」に着く。ここは氷川神社発祥の地で、かつては禁則地だった。

27 寒川神社　主祭神／寒川比古命、寒川比女命

［住 所］神奈川県高座郡寒川町宮山3916

詳しくは88ページ参照。年末から2月下旬まで神門に「迎春ねぶた」が飾られる。20年以上続く恒例の行事で、毎年テーマが変わり日没後はライトアップされる。

39 坐摩神社　主祭神／坐摩大神（生井神、福井神、綱長井神、阿須波神、波比岐神）

［住 所］大阪府大阪市中央区久太郎町４渡辺３号
正式には「いかすり」神社と読む。通称「ざま」神社。オフィス街にありながらほっと落ち着く空間。境内末社も多い。徒歩圏内にある「難波神社」「サムハラ神社」も合わせて参拝したい。

40 堀越神社　主祭神／崇峻天皇

［住 所］大阪府大阪市天王寺区茶臼山町1-8
詳しくは114ページ参照。境内末社の茶臼山稲荷社は、徳川家康が大坂夏の陣で真田軍の攻撃を受けた際、この社の白狐に危機を救われたという伝説がある。

41 安部晴明神社　主祭神／安部晴明

［住 所］大阪府大阪市阿倍野区阿倍野元町5-16
阿倍王子神社の境外摂社。陰陽師・安部晴明の生誕地として伝わる場所で、産湯井跡などもある。母で白狐の化身と言われる「葛の葉姫」の像や碑も。

42 白神社　主祭神／菊理媛神、伊弉諾尊、伊弉冉尊

［住 所］広島県広島市中区中町7-24
平和大通りに面して、小さなお社ながらとてもいい気を感じる神社。通勤前の会社員などの参拝が絶えない。参拝するだけで神主がお祓いしてくれることもある。

43 櫛田神社　主祭神／大幡主大神、天照皇大神、素盞嗚大神

［住 所］福岡県福岡市博多区上川端町1-41
祇園山笠が奉納される神社で「お櫛田さん」の愛称で親しまれる博多総鎮守。節分の前後には、福を招くという巨大な「お多福面」が設置されインパクトがある。

44 内牧菅原神社　主祭神／菅原道真公

［住 所］熊本県阿蘇市内牧416
内牧温泉の外れで見つけた小さいけれど、とても気持ちのいい神社。阿蘇の地で育つのは難しい「たぶ」の大木は樹齢500年で「願掛けのたぶ」として知られる。

小さくてもキラリと光る神社

34 善知鳥神社　主祭神／宗像三女神（多紀理毘売命、市寸島比売命、多岐都比売命）

[住 所] 青森県青森市安方2-7-18

青森市発祥の地と言われ、ご祭神は「宗像三女神」。もともと大きな湖だった名残の「うとう沼」があり、ご利益が湧き出るといわれる「龍神之水」がいただける。

35 平河天満宮　主祭神／菅原道真公

[住 所] 東京都千代田区平河町1-7-5

狭い境内の参道に、天神さんのシンボルである「撫で牛」を含め、5体の「石牛」が置かれているのが珍しい。参拝すると、なぜかほっと心安らぐ神社。

36 鵠沼伏見稲荷神社　主祭神／宇迦之御魂大神、佐田彦大神、大宮能売大神、田中大神、四大神

[住 所] 神奈川県藤沢市鵠沼海岸5-11-17

一番参拝させていただいている神社。小さいながらも奥宮もあり伏見稲荷らしさを味わえる。6月30日と12月31日の大祓も参加させていただくことが多い。

37 白龍神社　主祭神／白龍大神

[住 所] 愛知県名古屋市中村区名駅南1-8-14

詳しくは145ページ参照。拝殿に向かって右にイチョウのご神木があり、お参りできる。その銀杏の葉をモチーフにした「仕事御守」はモダンなデザイン。

38 洲崎神社　主祭神／素戔嗚尊

[住 所] 愛知県名古屋市中区栄1-31-25

いろいろなアトラクションがある神社。特に石神社の小さな鳥居くぐりは大変だけど達成感はある。奥にある「白龍社」は前述の「白龍神社奥宮」と雰囲気が似ている。

非日常がアガる神社

1 岩木山神社
2 金華山黄金山神社
3 白山比咩神社
4 八百富神社
5 熊野本宮大社
6 美保神社
7 出雲大社
8 嚴島神社
9 鵜戸神宮
10 霧島神宮
11 枚聞神社

ここぞという時の勝負神社

12 箱根神社
13 九頭龍神社
14 伊豆山神社
15 諏訪大社
16 椿大神社
17 大神神社
18 石清水八幡宮
19 吉備津神社
20 大山祇神社
21 宗像大社
22 宇佐神宮

F 品川神社（東京）154
G 愛宕神社（東京）157
H 田無神社（東京）132
I 多摩川浅間神社（東京）162
J 小野照崎神社（東京）148
K 江島神社（神奈川）42, 64
L 三嶋大社（静岡）183
M 伊勢神宮（三重）81, 107, 198
N 毛谷黒龍神社（福井）116
O 日牟禮八幡宮（滋賀）187

A～Zの数字は言及した主な本文のページを示す。

いろいろ楽しめる おいしい神社

23 明治神宮
24 神田神社
25 根津神社
26 氷川神社
27 寒川神社
28 熱田神宮
29 多賀大社
30 春日大社
31 住吉大社
32 西宮神社
33 住吉神社

小さくてもキラリと光る神社

34 善知鳥神社
35 平河天満宮
36 鵠沼伏見稲荷神社
37 白龍神社
38 洲崎神社
39 坐摩神社
40 堀越神社
41 安部晴明神社
42 白神社
43 櫛田神社
44 内牧菅原神社

P 上賀茂神社（京都）192
Q 八坂神社（京都）197
R 恩智神社（大阪）166
S 葛城一言主神社（奈良）167
T 綱敷天満宮（兵庫）146
U 阿智神社（岡山）165
V 日御碕神社（島根）116
W 八重垣神社（島根）34, 143
X 宮地嶽神社（福岡）47
Y 鷲尾愛宕神社（福岡）169
Z 宮崎神宮（宮崎）33

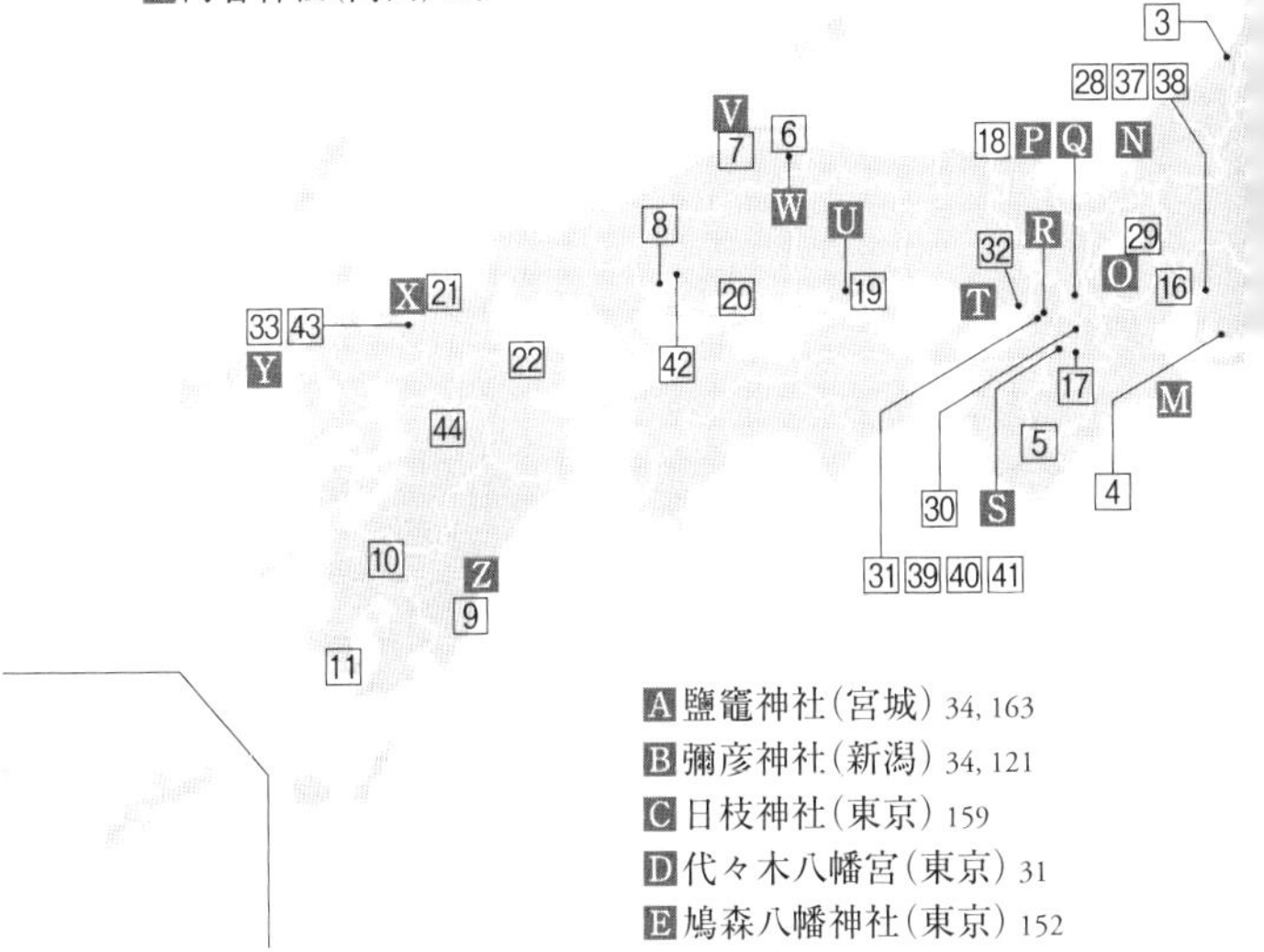

A 鹽竈神社（宮城）34, 163
B 彌彦神社（新潟）34, 121
C 日枝神社（東京）159
D 代々木八幡宮（東京）31
E 鳩森八幡神社（東京）152

カバーイラスト／和田ラヂヲ
カバーデザイン／FROG KING STUDIO
校正／麦秋アートセンター
本文図版作成、ＤＴＰ／高羽正江

川上徹也

かわかみ・てつや

コピーライター

湘南ストーリーブランディング研究所代表

神社参拝を習慣にしたことで「運のいい人」になり、翌2008年作家デビュー。以降、毎年3～5冊のペースで出版し、本書が54冊目の著書。最近はビジネス書から小説、児童書、ノンフィクションなど執筆ジャンルを広げている。大阪大学人間科学部卒業後、大手広告代理店勤務を経て独立。「ストーリーブランディング」という独自の手法を開発した第一人者として知られ、講演・研修等を通じて全国に広めている。企業・団体・自治体のアドバイザーを務めることも多い。『物を売るバカ』（角川新書）、『ザ・殺し文句』（新潮新書）、『もえとかえる ことばのふしぎ大冒険』（講談社）、『あの日、小林書店で。』（PHP文庫）など著書多数。海外6カ国に20冊以上が翻訳され、台湾・中国ではベストセラーになっている本もある。

ポプラ新書
268
「運のいい人」は
神社で何をしているのか
2025年1月6日 第1刷発行

著者
川上徹也
発行者
加藤裕樹
編集
浅井四葉
発行所
株式会社 ポプラ社
〒141-8210 東京都品川区西五反田3-5-8
JR目黒MARCビル12階
一般書ホームページ www.webasta.jp
ブックデザイン
鈴木成一デザイン室
印刷・製本
TOPPANクロレ株式会社

N.D.C.175/222P/18cm/ISBN978-4-591-18411-0

P8201268

生きるとは共に未来を語ること　共に希望を語ること

昭和二十二年、ポプラ社は、戦後の荒廃した東京の焼け跡を目のあたりにし、次の世代の日本を創るべき子どもたちが、ポプラ（白楊）の樹のように、まっすぐにすくすくと成長することを願って、児童図書専門出版社として創業いたしました。

創業以来、すでに六十六年の歳月が経ち、何人たりとも予測できない不透明な世界が出現してしまいました。

この未曾有の混迷と閉塞感におおいつくされた日本の現状を鑑みるにつけ、私どもは出版人としていかなる国家像、いかなる日本人像、そしてグローバル化しボーダレス化した世界的状況の裡で、いかなる人類像を創造しなければならないかという、大命題に応えるべく、強靭な志をもち、共に未来を語り共に希望を語りあえる状況を創ることこそ、私どもに課せられた最大の使命だと考えます。

ポプラ社は創業の原点にもどり、人々がすこやかにすくすくと、生きる喜びを感じられる世界を実現させることに希いと祈りをこめて、ここにポプラ新書を創刊するものです。

未来への挑戦！

平成二十五年　九月吉日　　株式会社ポプラ社